PARIS
DANS VOTRE ASSIETTE

Recettes capitales

PARIS
DANS VOTRE ASSIETTE

Recettes capitales

Anne Martinetti
Photographies Philippe Asset

CHÊNE

Menu

Paris est une fête gourmande !

Lapérouse et son entrée peuplée de portraits d'écrivains, *Drouant* et ses images de Colette, déjeuner des écrivains au *Fouquet's*, ombres de Modigliani et de Blaise Cendrars à *La Coupole*, les prestigieuses enseignes parisiennes ne se lassent pas de célébrer les maîtres de la plume, du pinceau ou du stylo, qui ont fait leur renommée et bâti du rêve à partir de tables, de chaises, de fauteuils capitonnés et… d'assiettes ! Qui n'a pas pensé à Jean-Paul Sartre et à Simone de Beauvoir en s'asseyant à la terrasse des *Deux Magots* ?

Écrivains de Paris ! Une communauté tellement immense, traversant siècles et continents, qu'on ne saurait en citer un sans les citer tous. Venus de tous les horizons, avec comme but de s'imprégner de la Ville Lumière, celle qui saura mieux qu'aucune autre leur souffler l'inspiration. Certains ont donné à la capitale ses lettres, ses rues et ses avenues, ses stations de métro, dont la liste évoque toute l'histoire littéraire : allée Jules-Supervielle, terrasse Lautréamont, passage Brantôme, rue Molière, galerie Feydeau, boulevard Beaumarchais, station Alexandre-Dumas…

Gourmands, artistes et écrivains ? Voraces, plutôt ! Sous la plume aiguisée de Théophile Gautier, les plats s'entassent devant un Victor Hugo pantagruélique. L'impitoyable plumitif va jusqu'à affirmer que le compositeur Rossini ne sait plus à quoi ressemblent ses pieds ! Le père de *Notre-Dame de Paris* affectionnait tant la salle à manger de sa maison place des Vosges qu'il en a dessiné les meubles, faisant la part belle au vaisselier. Quant à Honoré de Balzac, son appétit légendaire doit à ce point être comblé qu'il décrit les menus de ses nombreux personnages et proclame : « Le boulanger est le père de la pensée. »

La tradition gastronomique parisienne ne date pas d'hier ; les historiens recensent 68 pâtissiers à Paris en 1292, contre 7 sauciers. Mais le croissant dit parisien, venu de Constantinople, n'avait pas encore fait son apparition sur les zincs des comptoirs…

Dès l'origine, les scènes gastronomiques se placent naturellement dans la création littéraire : en 1321, des *Fabliaux* mettent en scène de bien réelles agapes près de la place Maubert : « Margue estime qu'on ne peut boire sans manger. Elle commande une oie grasse et une pleine écuelle d'aulx. Le gentil

Drouin offre encore des gâteaux tout chauds. Le tavernier descend dans sa cave pour chercher des flacons d'arbois et de saint-émilion. À force d'engloutir des chopines, les belles commencent à transpirer. Autour d'elles, les assiettes se vident de gaufres, d'oublies, de poires, de noix, d'amandes, de fromages [...] ». S'ensuit une aventure dont ces femmes de bien rougiront encore longtemps...
Précédé de quelques recueils de recettes orientaux et espagnols, le *Viandier*, attribué à Guillaume Tirel, dit Taillevent, est le premier livre de cuisine française. Écrit probablement vers 1380, il sera largement repris par le *Mesnagier de Paris*, vers 1393. La « cuisine de Paris » était née...
La réputation gastronomique de la capitale dépassa rapidement les frontières du territoire ; un célèbre cardinal vénitien, Luigi Lippomano, que l'on retrouve dans de nombreux romans, fut un des premiers à rendre compte de l'incroyable variété de la cuisine parisienne : « Les rôtisseurs et les pâtissiers, en moins d'une heure, vous arrangent un dîner, un souper pour dix, pour vingt, pour cent personnes. Le rôtisseur vous donne la viande, le pâtissier les pâtés », écrit-il en 1557 dans *In Exodum*, son journal de France.
Au tout début du XIXe siècle, un personnage haut en couleurs, espion, diplomate et... gastronome, au nom improbable – August von Kotzebue – détaille dans ses *Souvenirs de Paris* les mœurs culinaires des Parisiens : « Vers une heure, on couvre une table d'acajou de plusieurs espèces de viandes froides et de différents vins. En fait de plats chauds, on y souffre tout au plus des pigeons à la crapaudine, des poulets à la tartare, des petits pâtés au jus, des rognons et des boudins. En revanche, il y a de la salade, des viandes froides, des pâtés froids au gibier et au jambon, et pour introduction, des huîtres du fameux rocher de Cancale. »
Jusqu'à Moscou, la gastronomie parisienne est synonyme de chic : « Viens me voir, petit père », écrit Fédor Dostoïevski dans *Carnets d'un inconnu*, « viens dîner avec moi ; mon eau-de-vie vient à pied de Kiev et mon cuisinier de Paris. Il vous sert des plats, des pâtés dont on se lèche les doigts, en le saluant jusqu'à terre, la canaille ! Un gaillard qui a de l'instruction, quoi ! »
À l'heure de l'Europe, de la mondialisation et du XXIe siècle, « le repas gastronomique des Français » vient de faire son entrée au patrimoine mondial de l'humanité. Si les régions ne sont pas en reste, Paris reste bien au centre de la cuisine française, et ses restaurants comme ses pâtissiers s'exportent aux quatre coins du monde : *Alain Ducasse* de l'avenue George-V à Hong Kong ou à Londres, *Ladurée* (maison fondée en 1862 rue Royale) et ses macarons, à Dublin ou à Milan, la gastronomie parisienne continue à rayonner de tous ses feux, et ses lumières d'éclairer écrivains et artistes. Une lumière éternelle ?

Les bistrots de Montmartre deviennent, au tout début du XXe siècle, le refuge favori des écrivains et des artistes désargentés. Plats chauds à moindre coût, voire en échange d'une toile ou de menus travaux, boissons réconfortantes et endroit chauffé contre mansardes qui ne le sont pas toujours ! Le bistrot, c'est le confort moderne : « On pouvait parfois lui téléphoner, fallait descendre chez Anatole, le troquet d'en bas, dans son arrière-boutique. Parmi les caisses de limonade, de bière, deux ou trois tonneaux de pinard, il avait, comble du progrès, un appareil téléphonique », écrit Alphonse Boudard dans ses souvenirs.

CHAPITRE I

Bistrots et marchands de vins

Bistrots et marchands de vins

Le *Chat qui perche*, *La Truie qui file* ou *Le Compas d'or* sont-ils les ancêtres de nos bistrots parisiens d'aujourd'hui ? C'est probable : aussi vieux que la capitale, ces établissements que l'on imagine volontiers sombres, enfumés, garnis de chaises brinquebalantes et de tables marquées par des décennies de boissons renversées, virent passer la fine fleur de la littérature française. Dans son *Paris gourmand*, Pierre Béarn, critique gastronomique et poète (mais l'un va-t-il sans l'autre ?), évoque une promenade bien arrosée : « ... nous pourrions imaginer le *Sabot* ; Ronsard le visitait au temps du faubourg Saint-Marcel. L'ombre en goguette de Rabelais nous mènerait à la *Pomme de Pin*, qui gîtait place de la Contrescarpe. Ici ce serait le *Radis couronné* avec la bande joyeuse de Corneille, Hardy, Mairet, Rotrou, où Molière faisait le pitre et Boileau le censeur [...] puis *La Cornemuse*, rue des Prouvaires, et le *Mouton Blanc*, où Racine dut écrire *Les Plaideurs*. Une ruelle, qui pourrait rappeler la rue Quincampoix du XVIIIe siècle, nous mènerait à *L'Épée de bois* avec Marivaux. »

Peut-on dater la naissance du bistrot, cette spécificité bien parisienne ? Certes non. Guillebert de Metz, un des premiers historiens de Paris, estime à 4 000 le nombre de tavernes. Nous sommes en 1434... Ancêtres des bistrots, ces tavernes servent du pain, des harengs chauds, et François Villon en chante les louanges :

« Avez-vous faim ? Vous y mangerez. / Avez-vous soif ? Vous y burez. / A-t-on froid ? On s'i chauffera. / Ou chault ? On s'y refreschira. »

Quant à François Rabelais, dont le célèbre Pantagruel et son non moins fameux fils Gargantua incarnent une gourmandise... absolue, il nous raconte dans le *Tiers Livre* une bagarre dans laquelle un rôtisseur exige d'un vagabond le paiement de la fumée qui a parfumé son pain. Le français du XVIe siècle se mâche pour l'occasion :

« À Paris, en la roustisserie du petit Chastelet, au davant de l'ouvrouoir d'un roustisseur, un Faquin mangeoit son pain à la fumée du roust, et le trouvoit ainsi perfumé grandement savoureux. Le roustisseur le laissoit faire. Enfin quand tout le pain feut baufré, le roustisseur happe le Faquin au colet et vouloit qu'il luy payast la fumée de son roust. Le Faquin disoit en rien n'avoir ses viandes endommaigé : rien n'avoir du sien prins : en rien ne luy estre debiteur. La fumée dont estoit quaestion, evaporoit par dehors : ainsi comme ainsi se perdoit elle : jamais n'avoit esté ouy que dedans Paris on eust vendu fumée de roust en rue. »

Faire payer la fumée qui sort de sa rôtisserie, c'est ce que l'on appelle vendre du vent...

Au fil des années et des siècles, la notion de bistrot (l'origine du mot, d'ailleurs, reste très controversée) va évoluer : établissement modeste où l'on boit son « petit noir », son « petit blanc » (Bardamu dans *Voyage au bout de la nuit*), où l'on déjeune à la hâte d'un œuf dur mayonnaise ou d'un poireau vinaigrette (Jacques Prévert), où l'on prolonge sa soirée avec une fine (Maigret)...

Qu'il se nomme café ou bistrot, les écrivains

ont souvent magnifié ce lieu emblématique de l'inspiration. Joris-Karl Huysmans en a même fait un livre, *Les Habitués de café*, dans lequel il démontre la nécessité (!) de fréquenter les bistrots : « Certains breuvages présentent cette particularité qu'ils perdent leur saveur, leur goût, leur raison d'être, quand on les boit autre part que dans les cafés. Chez un ami, chez soi, ils deviennent apocryphes, comme grossiers, presque choquants. »
Décriés par les honnêtes gens, presque interdits dans la capitale après la Commune, en 1871, les cafés, lieux de perdition de la moralité, n'en prennent que plus d'intérêt auprès des écrivains et des artistes. Certains sont d'ailleurs restés célèbres : ainsi le *Lapin Agile*, à Montmartre, voit défiler et se réunir Pablo Picasso, Guillaume Apollinaire, Pierre Reverdy, Francis Carco, Pierre Mac Orlan. Le *Café Fleurus*, rue Vavin, est fréquenté par Paul Verlaine et François Coppée. Quant au grand ancien, *Le Procope*, autoproclamé premier café de Paris, qui eut pour clients les écrivains les plus célèbres, d'Alembert, Voltaire, Crébillon, Jean-Jacques Rousseau ou Diderot, son succès subit à la fin du XIXe siècle une éclipse qui faillit bien provoquer sa disparition. Heureusement, on peut encore aujourd'hui se recueillir devant la table de Voltaire...

Non loin, le *Café de Flore* fut à partir des années 1930 le refuge des écrivains, et sous l'Occupation un endroit bien commode pour écrire : « Au *Flore*, il ne faisait pas froid, des lampes à acétylène donnaient un peu de lumière quand les ampoules s'éteignaient. C'est alors que nous prîmes l'habitude de nous y établir pendant toutes nos heures libres. [...] nous nous y sentions chez nous, à l'abri. L'hiver surtout, je m'efforçais d'y arriver dès l'ouverture pour occuper la meilleure place, celle où il faisait le plus chaud, à côté du tuyau de poêle... » écrit Simone de Beauvoir dans *La Force de l'âge.*
Après la Seconde Guerre mondiale, le bistrot devient une institution parisienne, une icône du cinéma, de la littérature et même de l'architecture : les murs du *Comptoir*, appelé jadis *L'Aviatic*, et situé dans le XVe arrondissement de la capitale, ne sont-ils pas classés au patrimoine de France ?

Le bistrot, sa cuisine simple et ses petits canons sont-ils aujourd'hui en train de disparaître ? Un colloque intitulé « Sauvons nos bistrots » qui s'est tenu au Sénat en janvier 2010 semblait le craindre. Jusqu'au *Wall Street Journal* qui s'en est inquiété, en titrant : « Le café français est en train de perdre la bataille contre la vie moderne. » Certes, Verlaine ne pourrait plus y distiller l'absinthe, et l'écran d'ordinateur a remplacé chez les écrivains la feuille blanche. Mais écrire au bistrot l'hiver, en terrasse à la belle saison fait encore rêver les écrivains en herbe. Il suffit de se promener dans les rues de la capitale et de s'accouder aux comptoirs pour constater que la tradition a de beaux jours devant elle !

« Nous avions passé la soirée à la fête de Montmartre. Des jeunes gens très gentils, mais que nous avons tout de même plaqués brusquement, nous avaient offert un saladier chez un troquet du boulevard Rochechouart. (Peut-être ne savez-vous pas ce que c'est qu'un saladier ? On vous expliquera ça une autre fois.) Et ça nous avait mises en gaieté. Mais l'heure est l'heure, n'est-ce pas ? et comme on n'a pas de landaus bouton d'or, nous grimpâmes sur le tramway Place de l'Étoile-La Villette, en demandant une correspondance. »

Alphonse Allais,
Deux et deux font cinq,
1895

SALADIER ROCHECHOUART

QUI A DIT QUE LES SCIENTIFIQUES MANQUAIENT PARFOIS D'HUMOUR ? CERTAINEMENT PAS ALPHONSE ALLAIS (1854-1905), VÉRITABLE INVENTEUR ET ROMANCIER COCASSE, PLUME IMPITOYABLE DU PETIT MONDE PARISIEN.

POUR 6 PERSONNES
PRÉPARATION 5 MINUTES LA VEILLE, 30 MINUTES LE JOUR MÊME
CUISSON 20 MINUTES

200 g de lentilles blondes
2 oignons rouges
4 filets de harengs
15 cl d'huile de tournesol
1 c. à soupe de vinaigre de cidre
1 c. à café de moutarde
1 citron
1 c. à café de gros sel
Sel, poivre

1. La veille, versez l'huile dans un plat creux, poivrez, et mettez les harengs à mariner jusqu'au lendemain. Couvrez de film alimentaire ou d'un couvercle et réservez au frais.
2. Le jour même, portez à ébullition 2 litres d'eau, jetez-y le gros sel puis les lentilles en pluie. Lorsqu'une écume se forme à la surface, ôtez-la avec une écumoire. Laissez cuire 20 minutes à petits bouillons. Épluchez et émincez les oignons en rondelles.
3. Égouttez rapidement les filets de harengs et conservez la marinade. Émincez le poisson en ôtant un maximum d'arêtes. Pressez le citron, et arrosez-en les harengs.
4. Dans le saladier de service, versez 3 cuillerées à soupe de marinade, ajoutez le vinaigre, la moutarde, salez, poivrez et fouettez vigoureusement. Réservez la moitié de la sauce dans un bol.
5. Ajoutez dans le saladier les oignons émincés et les filets de harengs en lamelles, mélangez soigneusement.
6. Lorsque les lentilles sont cuites, égouttez-les sans les écraser, puis laissez-les refroidir jusqu'au moment de servir (ou bien servez-les tièdes).
7. Ajoutez les lentilles au dernier moment dans le saladier, versez le reste de vinaigrette et mélangez délicatement.

ON LES TUE

PÂTÉ D'ÉPINARDS

ÉVADÉ DU BAGNE DE CAYENNE, FLORENT ARRIVE À PARIS, ET C'EST À L'INTÉRIEUR DES HALLES QU'IL COMMENCE UNE NOUVELLE VIE. LE SPECTACLE DÉPASSE SON IMAGINATION ; UNIVERS GASTRONOMIQUE MAIS IMPITOYABLE QUE DÉCRIT ÉMILE ZOLA (1840-1902) DANS SON ROMAN MYTHIQUE, *LE VENTRE DE PARIS*.

POUR 6 PERSONNES

PRÉPARATION 40 MINUTES LA VEILLE

CUISSON 45 MINUTES LA VEILLE

1,5 kg d'épinards
3 pommes de terre
2 oignons blancs
100 g de beurre
+ 1 noix pour le moule
50 cl de lait
3 œufs
2 c. à soupe de farine
1 c. à café de noix muscade râpée
Sel, poivre

1. Épluchez les oignons et hachez-les finement, puis mettez à chauffer une noisette de beurre dans une poêle et faites revenir les oignons hachés à feu doux, une dizaine de minutes, en les remuant fréquemment.
2. Épluchez les pommes de terre, coupez-les en tranches de 1 cm d'épaisseur environ et faites-les cuire à la vapeur ou dans très peu d'eau durant 15 minutes.
3. Pendant ce temps, faites chauffer 25 cl d'eau et la moitié du beurre dans une grande casserole, lavez les épinards, puis plongez-les dans la casserole pendant 10 minutes. Salez, poivrez, ajoutez la muscade et mélangez.
4. Dans une autre casserole, faites fondre le reste du beurre, ajoutez la farine, puis versez le lait progressivement sans cesser de remuer. Vous devez obtenir une sauce blanche un peu épaisse, de type béchamel. Salez, poivrez.
5. Retirez les épinards de l'eau, essorez-les bien en les pressant dans une passoire, puis coupez-les grossièrement et réservez-les dans une terrine. Ajoutez la sauce blanche, les œufs un par un en mélangeant bien, les oignons hachés. Égouttez les pommes de terre.
6. Préchauffez le four à 180 °C (th. 6). Beurrez un plat à cake ou un plat allongé allant au four, puis disposez en alternance une couche d'épinards et des rondelles de pommes de terre. Terminez par les pommes de terre.
7. Mettez le plat dans un bain-marie et faites cuire pendant 45 minutes. Lorsque le pâté est cuit, laissez-le refroidir à température ambiante, puis mettez-le au réfrigérateur jusqu'au lendemain.

« Florent s'était arrêté au coin de la rue de Mondétour, en face de l'avant-dernière maison, à gauche. Les trois étages dormaient, avec leurs deux fenêtres sans persiennes, leurs petits rideaux blancs bien tirés derrière les vitres ; en haut, sur les rideaux de l'étroite fenêtre du pignon, une lumière allait et venait. Mais la boutique, sous l'auvent, paraissait lui causer une émotion extraordinaire. Elle s'ouvrait. C'était un marchand d'herbes cuites ; au fond, des bassines luisaient ; sur la table d'étalage, des pâtés d'épinards et de chicorée, dans des terrines, s'arrondissaient, se terminaient en pointe, coupés, derrière, par de petites pelles, dont on ne voyait que le manche de métal blanc. »

Émile Zola,
Le Ventre de Paris,
1873

« ... le patron avait trois spécialités et pas autre chose à vendre. La première était son petit vin d'Anjou, quelque chose de délectable qui lui arrivait directement de l'Anjou, ma foi. Il proposait aussi à ses clients, quelquefois, des petites saucisses chaudes du meilleur goût. Mais son grand truc, ce qui avait fait sa réputation auprès de tous les chauffeurs de maîtres du quartier, et il y en avait, c'était la bassine de pâté. Je dis la bassine, je pourrais aussi bien dire la cuvette. Vous savez, de ces cuvettes émaillées dans lesquelles on se lave les mains ou la figure. Mon gars les recevait pleines jusqu'à bord d'un pâté du tonnerre de Dieu et il posait le récipient sur la table devant le client qui taillait sa tranche à même.

Blaise Cendrars,
Arts et spectacles,
mars 1956

PÂTÉ À LA BASSINE BLAISE CENDRARS

AVENTURIER, APICULTEUR, HÉROS DE LA LÉGION ÉTRANGÈRE, QUE NE FUT PAS BLAISE CENDRARS (1887-1961), CÉLÈBRE AUTEUR DE LA *PROSE DU TRANSSIBÉRIEN* ? AMOUREUX DE PARIS, IL DONNE AU LECTEUR DE LA REVUE *ARTS ET SPECTACLES* SES MEILLEURES ADRESSES DE LA CAPITALE.

POUR UNE TERRINE DE 1 KG
PRÉPARATION 40 MINUTES
3 JOURS AVANT
CUISSON 1 HEURE 45, 3 JOURS AVANT

500 g d'échine de porc
500 g de foie de veau
500 g d'escalope de veau
300 g de lard
2 échalotes
2 oignons
5 brins de cerfeuil
5 brins de persil
1 c. à café de quatre-épices
2 feuilles de laurier
10 cl de cognac
2 bardes de lard
Sel, poivre

1. Préchauffez le four à 200 °C (th. 7). Pelez les échalotes et les oignons, passez-les au mixeur avec le cerfeuil et le persil, ajoutez le quatre-épices. Réservez dans un bol.
2. Coupez les viandes en morceaux, hachez d'abord finement l'échine de porc et le foie de veau, puis plus grossièrement le veau et le lard. Versez les viandes dans un grand saladier, mélangez-les en pétrissant, ajoutez la préparation des herbes et le cognac, salez et poivrez, pétrissez encore.
3. Mettez le tout dans une terrine allant au four, posez les feuilles de laurier sur le dessus et décorez des bardes croisées. Baissez le thermostat à 160 °C (th. 5) et faites cuire 1 heure 45. En fin de cuisson, le pâté doit s'être écarté des bords de la terrine et la graisse qui l'entoure bouillonner doucement.
4. Sortez la terrine du four, posez dessus un plat légèrement plus petit et remplissez-le de poids, afin que le pâté devienne plus compact en refroidissant. Attendez qu'il ait bien refroidi pour le mettre au réfrigérateur, et ne le servez que 3 jours plus tard.

ESCARGOTS « AUX AFFRES DU CÉLIBAT »

PÈRE DU ROMAN PSYCHOLOGIQUE, PAUL BOURGET (1852-1935) NE CROYAIT PAS EN L'AMOUR, NI À LA FIDÉLITÉ, CE QUI LUI INSPIRA UN REPORTAGE TRÈS ORIGINAL DANS LES RUES DE PARIS, EN QUÊTE DE L'AVIS DES FEMMES SUR LA QUESTION. GALERIE DE PORTRAITS FÉMININS TRÈS ATTACHANTS, ET DE QUELQUES GOURMANDES.

POUR 6 PERSONNES

PRÉPARATION 40 MINUTES

CUISSON 1 HEURE 15

4 douzaines d'escargots (petits-gris)
100 g de beurre
50 g de farine
50 cl de vin blanc
1 poireau
3 échalotes
3 oignons
2 gousses d'ail
1 branche de céleri
5 clous de girofle
40 g de persil
1 bouquet garni
Sel, poivre

1. Si vous êtes adepte de la méthode traditionnelle, qui consiste à ramasser les escargots dans votre jardin, n'oubliez pas de les faire jeûner dans une boîte aérée durant au moins une semaine. Ensuite, lavez-les dans de l'eau additionnée de sel et de vinaigre, puis jetez-les dans l'eau bouillante 5 minutes. Sortez-les de leur coquille, éliminez les intestins apparents avec un petit couteau. Les escargots sont alors prêts à être cuisinés. La méthode rapide consiste à les acheter déjà prêts à l'emploi, en conserve ou surgelés.
2. Préparez le court-bouillon : rincez le céleri et le poireau, épluchez 2 oignons, les échalotes et les gousses d'ail ; émincez-les. Pelez le dernier oignon, piquez-le des clous de girofle.
3. Dans une cocotte, faites fondre la moitié du beurre, ajoutez l'ail et les échalotes. Faites revenir les escargots à feu très doux une dizaine de minutes, puis ajoutez les oignons, le céleri et le vin blanc. Ajoutez 50 cl d'eau, le bouquet garni, l'oignon piqué de clous de girofle, salez, poivrez. Laissez cuire à feu très doux, 1 heure environ.
4. Pendant ce temps, dans une casserole, faites fondre le reste du beurre, puis ajoutez la farine et mélangez au fouet. Prélevez 50 cl de bouillon des escargots, versez-le progressivement dans la casserole en remuant constamment pour confectionner une sauce blanche.
5. Lorsque les escargots sont cuits, remettez-les si vous le souhaitez dans leur coquille pour les présenter. Filtrez le bouillon et récupérez les légumes ; ajoutez-les à la sauce blanche.
6. Parsemez les escargots de persil haché, et servez-les nappés de sauce ou bien présentez la sauce à part.

Liqueurs
Produits frais

Produits frais
du jour

« Elle s'arrête pour nous répondre et, appuyée contre le mur, elle tire de sa poche un papier, de ce papier une côtelette de porc avec des cornichons, et la voilà qui commence de déjeuner, toujours riant, avec ses cheveux blonds qui luisent au soleil comme de la soie d'or, avec son visage à la fois délicat, fané et crapuleux. Elle nous conte qu'elle travaille dans un atelier, à deux pas, dans la rue Vaneau. Comme elle a une demi-heure devant elle, nous l'emmenons, pour la faire causer, dans un café du boulevard des Invalides, où mangeaient autrefois des confrères, employés à l'Instruction publique. Je lui avais trouvé cette enseigne : Aux Affres du célibat. Eugénie demande des escargots et du vin blanc, et elle entame ses mémoires… »

Paul Bourget,
Physiologie de l'amour moderne,
1889

« Il descendit la rue de la Harpe vers la Cité. En passant devant la rue de la Huchette, l'odeur de ces admirables broches qui y tournaient incessamment vint chatouiller son appareil olfactif, et il donna un regard d'amour à la cyclopéenne rôtisserie qui arracha un jour au cordelier Calatagirone cette pathétique exclamation : Veramente, queste rotisserie sono cosa stupenda ! »

Victor Hugo,
Notre-Dame de Paris,
1831

JARRET DE PORC RÔTI AU MIEL

ESMERALDA, QUASIMODO, LES TOURS DE NOTRE-DAME, AUTANT DE PERSONNAGES À JAMAIS VIVANTS DANS LE PANTHÉON LITTÉRAIRE PARISIEN ! MAIS PENDANT QUE CES DERNIERS SE PRÉOCCUPENT DE LEUR ÂME, LE JEUNE FRÈRE DE CLAUDE FROLLO, JEHAN, A DE PLUS CONCRÈTES ASPIRATIONS. LE QUARTIER DES RÔTISSEURS A POUR LUI LES SÉDUCTIONS D'UNE MAÎTRESSE.

POUR 6 PERSONNES
PRÉPARATION 20 MINUTES
CUISSON 1 HEURE 30

1 jambon de 2 kg environ
150 g de miel
6 pommes de terre
3 oignons
10 c. à soupe d'huile de tournesol
5 c. à soupe de moutarde
2 branches de thym
2 branches de romarin
Sel, poivre

1. Commencez par préparer le jambon : ôtez une partie du gras qui l'entoure, en en laissant une mince pellicule. Dans un bol, mélangez le miel, 5 cuillerées à soupe d'huile et la moutarde, émiettez le thym et le romarin, puis mélangez.
2. Badigeonnez soigneusement le jambon de cette marinade.
3. Épluchez les oignons et les pommes de terre, même si celles-ci n'avaient pas été introduites en France à l'époque où Victor Hugo situe son roman. Émincez finement les oignons, coupez les pommes de terre en morceaux, et mélangez le tout dans une terrine avec les 5 cuillerées à soupe d'huile. Salez, poivrez.
4. Si vous disposez d'un four à rôtissoire, embrochez le jambon et enfournez-le pour 1 heure 30. Au bout de 45 minutes, disposez la garniture dans la lèchefrite en l'arrosant du jus de cuisson. Pour une cuisson dans un four traditionnel, disposez le jambon au miel dans un plat, la garniture dans un deuxième, puis récupérez le jus de viande à mi-cuisson et versez-le sur la garniture.

« Mais que de choux dans cette rue !... La rue parallèle de la Ferronnerie en est également remplie, et le cloître voisin de Sainte-Opportune en présente de véritables montagnes. La carotte et le navet appartiennent au même département.
– Voulez-vous des frisés, des milans, des cabus, mes petits amours ? nous crie une marchande.
En traversant la place, nous admirons des potirons monstrueux. On nous offre des saucisses et des boudins, du café à un sou la tasse – et, au pied même de la fontaine de Pierre Lescot et de Jean Goujon sont installés, en plein vent, d'autres soupeurs... »

Gérard de Nerval,
Nuits d'octobre,
1861

CASSOLETTE DE CHOU À L'AIL

MARCHÉ DES INNOCENTS, HALLES EN NOCTURNE, CRÉATURES INQUIÉTANTES ET MENUS GASTRONOMIQUES PEUPLENT LES *NUITS D'OCTOBRE* DE GÉRARD DE NERVAL (1808-1855), POÈTE PARFOIS SOMBRE QUI CONTREDIT ICI SA RÉPUTATION PAR DES OBSERVATIONS GOURMANDES ET RÉJOUISSANTES.

POUR 6 PERSONNES
PRÉPARATION 15 MINUTES
CUISSON 40 MINUTES

1/2 chou frisé
1/2 chou cabus (chou blanc)
3 têtes de chou romanesco
2 carottes
1 tranche de poitrine fumée de 200 g environ
50 g de beurre
2 gousses d'ail
20 g de persil
Poivre

1. Ôtez le cône central des choux, lavez-les et découpez-les en lamelles de 1 cm environ. Dans une cocotte à fond épais, faites fondre le beurre, puis jetez-y les choux et remuez soigneusement. Faites revenir à feu moyen durant une dizaine de minutes, en remuant souvent. Poivrez.
2. Lavez les carottes, épluchez-les et détaillez-les en petits cubes. Pelez l'ail, hachez-le finement ainsi que le persil, puis mélangez les aromates et les carottes dans une terrine. Ajoutez-les ensuite à la cocotte, et mélangez soigneusement.
3. Taillez la tranche de poitrine fumée en lardons très fins, ajoutez-les dans la cocotte et mélangez. Couvrez, baissez le feu et laissez mijoter 30 minutes en remuant de temps en temps.

Servez en accompagnement d'un rôti de porc, de filet mignon ou bien de volaille.

RAGOÛT DE MOUTON

GEORGES DUROY, ALIAS BEL-AMI, A LAISSÉ SA MAÎTRESSE DÉCIDER DE LEUR DÎNER. MAL LUI EN A PRIS : ALORS QU'IL NE RÊVE QUE D'ASCENSION SOCIALE, LA JEUNE FEMME, ELLE, PRÉFÈRE S'ENCANAILLER.

POUR 6 PERSONNES

PRÉPARATION 45 MINUTES

CUISSON 1 HEURE 45

1,5 kg de mouton
(collet, poitrine ou épaule)
100 g de beurre
150 g de poitrine fumée
12 pommes de terre nouvelles
6 carottes nouvelles
6 navets
2 oignons jaunes
1 douzaine de petits oignons nouveaux
1 gousse d'ail
1 bouquet garni
25 cl de vin blanc
1 c. à soupe de farine
1 c. à café de sucre
1 c. à soupe de fécule ou de tapioca
Sel, poivre

1. Demandez à votre boucher de découper la viande en gros morceaux. Taillez la poitrine fumée en lamelles. Mettez 50 g de beurre à fondre dans une cocotte, puis faites revenir les lardons à feu doux.
2. Épluchez les oignons jaunes et la gousse d'ail, émincez-les le plus finement possible et ajoutez-les dans la cocotte. Puis mettez les morceaux de viande à dorer à feu moyen en remuant fréquemment, durant une dizaine de minutes. Salez, poivrez, saupoudrez de farine et mélangez bien.
3. Versez le vin blanc, puis assez d'eau pour couvrir la viande, et ajoutez le bouquet garni. Portez à ébullition, et ôtez l'écume de temps en temps à l'aide d'une écumoire. Laissez cuire 1 heure à petits bouillons.
4. Pendant ce temps, préparez les légumes : épluchez les carottes, les navets, les pommes de terre et coupez-les en morceaux. Épluchez les nouveaux oignons. Dans une poêle, faites fondre le reste du beurre, ajoutez les oignons, saupoudrez-les de sucre et faites-les revenir à feu doux pendant 15 minutes, en les remuant souvent.
5. Au bout d'une heure, sortez les morceaux de viande de la cocotte avec une écumoire et filtrez le bouillon. Remettez la viande dans la cocotte, ajoutez tous les légumes, le bouillon filtré et laissez cuire 30 minutes à feu doux.
6. Au moment de servir, retirez légumes et viande de la cocotte, ajoutez la fécule ou le tapioca et remuez au fouet à petite ébullition pour épaissir la sauce.

« Ils errèrent le long du boulevard, et ils finirent par entrer chez un marchand de vin qui donnait à manger dans une salle à part. Elle avait vu, à travers la vitre, deux fillettes en cheveux attablées en face de deux militaires. Trois cochers de fiacre dînaient dans le fond de la pièce étroite et longue, et un personnage, impossible à classer dans aucune profession, fumait sa pipe, les jambes allongées, les mains dans la ceinture de sa culotte, étendu sur sa chaise et la tête renversée en arrière par-dessus la barre. [...] Mme de Marelle murmura : "C'est très gentil ! Nous serons très bien ; une autre fois, je m'habillerai en ouvrière." Ils mangèrent un ragoût de mouton, une tranche de gigot et une salade. Clotilde répétait : "Moi, j'adore ça. J'ai des goûts canailles. Je m'amuse mieux ici qu'au café Anglais." »

Guy de Maupassant,
Bel-Ami,
1885

« Le théâtre Saint-Marcel est l'enfer de la pauvreté humaine. Les comédiens s'y peignent les pieds avec du noir pour imiter les bottes, et cirent des bottes réelles pendant l'entracte à la porte du spectacle.
Le directeur nourrit les artistes chez un marchand de vin dont la boutique est située en face du théâtre ; le matin, ils ont du petit salé ; le soir, la soupe, le bœuf et un morceau de fromage. Bien entendu, les amendes roulent là-dessus, puisque l'argent n'est pas connu au théâtre Saint-Marcel. Pour les petites amendes, on leur ôte le fromage, pour les moyennes le bœuf, et les grosses amendes consistent à ne pas dîner du tout. »

Théodore de Banville,
Les Parisiennes de Paris,
1866

PETIT SALÉ

FIGURE TRÈS IMPORTANTE DU MONDE DES LETTRES PARISIEN, PROTECTEUR D'ARTHUR RIMBAUD, CRITIQUE LITTÉRAIRE RÉPUTÉ, L'OUBLIÉ THÉODORE DE BANVILLE (1823-1891) OBSERVAIT D'UN ŒIL ACERBE LES TRAVERS DE SES CONTEMPORAINES, TOUT EN DÉNONÇANT LE STATUT MISÉRABLE DES COMÉDIENS DE BOULEVARD.

POUR 4 PERSONNES
PRÉPARATION 5 MINUTES
LA VEILLE,
35 MINUTES LE JOUR MÊME
CUISSON 2 HEURES

800 g de petit salé (et/ou d'échine, de travers, de palette)
50 g de beurre
600 g de lentilles vertes ou blondes
2 carottes
2 oignons
1 poireau
1 bouquet garni
Poivre

1. La veille, plongez la viande dans un saladier d'eau froide, couvrez et laissez dessaler jusqu'au lendemain.
2. Le jour même, lavez le poireau, épluchez les oignons et les carottes, puis émincez le tout. Dans une grande cocotte, faites fondre le beurre, jetez-y les légumes et laissez-les revenir une dizaine de minutes en remuant fréquemment. Poivrez.
3. Ajoutez la viande, le bouquet garni, remuez, puis couvrez d'eau et laissez mijoter 1 heure 30 à petits bouillons. Au bout de ce temps, retirez le bouquet garni, ajoutez les lentilles, remuez soigneusement et prolongez la cuisson de 30 minutes.

Ce plat traditionnel se revendique parisien, mais aussi lillois, ou bien encore ardéchois ! Un plat universel, en quelque sorte...

« L'heure du dîner est arrivée et j'avais un rendez-vous au café de la Paix – quelqu'un qui voulait aussi m'inviter à dîner. Alors à 7 heures nous prenons un taxi jusqu'à la Chambre des députés, où Fred avait quelque chose à faire, puis jusqu'à Montmartre, rue des Abbesses, restaurant des Fleurs. Quel endroit ! La première fois de ma vie que je vois tant de belles Françaises. Il avait dit que ce ne serait pas cher et j'avais cru que chacun paierait sa part. Et il se met à commander. M'a demandé si j'aimais manger. Certainement ! Alors, homards, huîtres, pigeons, desserts que je n'avais jamais vus, vins extraordinaires, fines, chartreuse, café, etc. »

Henry Miller,
Lettre à Anaïs Nin,
14 décembre 1934

PIGEON FARCI HENRY MILLER

SI HENRY MILLER (1891-1980) N'AVAIT PAS VOUÉ À LA FRANCE UNE ADMIRATION SANS BORNES, ET VÉCU AVEC LA TRÈS BELLE ANAÏS NIN UN AMOUR SINGULIER À PARIS, NUL DOUTE QUE LA LITTÉRATURE MONDIALE EN EÛT ÉTÉ CHANGÉE. AMOUREUX DE LA CAPITALE, L'AUTEUR DU SULFUREUX *TROPIQUE DU CAPRICORNE* L'ÉTAIT AUSSI DE LA GASTRONOMIE PARISIENNE.

POUR 4 PERSONNES
PRÉPARATION 30 MINUTES
CUISSON 40 MINUTES

4 pigeons (avec leur foie)
100 g de jambon fumé
50 g de lard
1 œuf
50 g de beurre
4 biscottes ou
50 g de pain rassis
25 cl de vin blanc sec
3 échalotes
1 branche de céleri
1 gousse d'ail
20 g de persil
Poivre

1. Demandez à votre boucher de préparer les pigeons et de les vider, mais de conserver le foie. Préparez la farce : émincez le jambon fumé et le lard le plus finement possible, écrasez les biscottes ou le pain rassis, puis pelez l'ail et hachez-le, ainsi que le persil et le foie des pigeons. Mélangez le tout soigneusement, puis ajoutez l'œuf et remuez. Poivrez.
2. Farcissez les pigeons, puis cousez l'ouverture ou bien fermez-la avec une agrafe alimentaire.
3. Pelez les échalotes, rincez la branche de céleri, et émincez-les. Dans une grande cocotte, faites fondre le beurre, ajoutez les échalotes et le céleri, puis laissez revenir les pigeons une dizaine de minutes à feu moyen en les retournant fréquemment, jusqu'à ce qu'ils soient bien dorés. Ajoutez alors le vin blanc, couvrez, baissez le feu et laissez mijoter 30 minutes.

Servez accompagné de pommes de terre Ratte, de purée, ou comme ici, de petits pois.

« Dîner chez Dinochau, marchand de vin rue de Navarin. Petit escalier tournant menant à une salle boisée, propre : chêne verni et papier rouge velouté. Table en fer à cheval. Le dîner bourgeois et provincial, de la soupe grasse et du bouilli. Toujours les anonymes, toujours les hommes de lettres qui, vu leur âge, devraient avoir un nom et n'en ont pas. »

Edmond et Jules de Goncourt,
Journal,
4 juin 1856

BOUILLI À LA GONCOURT

QUI NE CONNAÎT PAS LE PRIX GONCOURT, DÉCERNÉ À L'ISSUE D'UN DÉJEUNER AU CÉLÈBRE RESTAURANT DROUANT ? CRÉÉE PAR JULES (1830-1870) ET EDMOND (1822-1896), LA FAMEUSE ACADÉMIE ARPENTA LES BISTROTS ET LES RESTAURANTS DE LA CAPITALE, TANT IL EST VRAI QUE BONNES TABLES ET BONS LIVRES SONT INTIMEMENT LIÉS...

POUR 6 PERSONNES
PRÉPARATION 30 MINUTES
CUISSON 1 HEURE 30

1 kg de bœuf (aiguillette, gîte, plat de côtes)
1 os à moelle
50 g de beurre
50 g de farine
1 bouquet garni
Une douzaine de petits oignons
Sel, poivre

Pour la garniture (au choix)
chou-fleur en fleurettes, navets, carottes, haricots verts, pommes de terre...

1. Coupez le bœuf en morceaux puis farinez la viande. Dans une grande cocotte, faites fondre le beurre et mettez la viande à revenir 5 minutes sur chaque face. Poivrez, couvrez d'eau, puis ajoutez l'os à moelle et le bouquet garni. Laissez cuire 1 heure 30 à petite ébullition.
2. Au bout de 1 heure, épluchez les petits oignons et ajoutez-les entiers dans la cocotte. Salez, poivrez.
3. Pendant ce temps, préparez la garniture : que vous ayez choisi des légumes blancs ou verts, faites-les cuire à la vapeur ou dans un wok. Vous les ajouterez dans la cocotte au dernier moment, ou bien les servirez à part.

Servez le bouilli accompagné de cornichons, de moutarde à l'ancienne et d'un bol de bouillon, dans lequel vous aurez trempé une tartine de pain grillé... Ambiance bistrot garantie !

L'ARLEQUIN DU CHOURINEUR

TREMBLEZ, AMIS LECTEURS, CAR LES *MYSTÈRES DE PARIS* VOUS OUVRENT LEURS PORTES ! ON S'Y BAT, ON S'Y DÉFIGURE À L'ACIDE, ON S'Y TRUCIDE SANS VERGOGNE, ET ON Y DÉGUSTE DES PLATS FORT CURIEUX, QUI TIENNENT AU CORPS DES PLUS ROBUSTES...

POUR 6 PERSONNES
PRÉPARATION 20 MINUTES
CUISSON 30 MINUTES

6 pommes de terre
6 navets
1 poireau
100 g de blé
3 tranches épaisses de jambon de Paris
1 tranche de poitrine fumée
50 g de beurre
150 g de tomme râpée
1 tablette de bouillon de volaille
Poivre

1. Émincez la poitrine fumée en lamelles. Épluchez les navets et les pommes de terre, coupez-les en morceaux de taille moyenne. Lavez le poireau, émincez-le dans le sens de la longueur. Dans une grande cocotte, faites fondre le beurre. Ajoutez les légumes, ainsi que la poitrine fumée, et faites-les revenir 5 minutes en remuant. Poivrez.
2. Dans une casserole, portez à ébullition 2 litres d'eau, ajoutez le bouillon de volaille et mélangez bien.
3. Versez le bouillon sur les légumes, ajoutez le blé et laissez cuire 20 minutes à ébullition moyenne.
4. Au bout de 10 minutes, coupez le jambon en lanières grossières et ajoutez-les dans la cocotte.

Servez à l'assiette ce plat roboratif, saupoudré de fromage râpé, mais seulement si la température est descendue en dessous de zéro !

« – Eh bien, dit l'ogresse en se tournant vers le bandit, qu'est-ce que tu veux à souper, mauvais chien ?
– Deux doubles cholettes de tortu à douze, un arlequin et trois croûtons de lartif bien tendre (deux litres de vin à douze sous, trois croûtons de pain très tendre) et un arlequin, dit le chourineur, après avoir un moment médité sur la composition de ce menu.
– Je vois que tu es toujours un fameux licheur, et que tu as toujours une passion pour les arlequins. »

Eugène Sue,
Les Mystères de Paris,
1843

RESTAURANT
VINS
PLAT DU JOUR
Clémentine
Clémentine
La Carte des Vins de Clémentine

« Bouvard dit tout à coup :
– Ma foi ! si nous dînions ensemble ?
– J'en avais l'idée ! reprit Pécuchet, mais je n'osais pas vous le proposer !
Et il se laissa conduire en face de l'Hôtel de Ville, dans un petit restaurant où l'on serait bien.
Bouvard commanda le menu.
Pécuchet avait peur des épices comme pouvant lui incendier le corps. Ce fut l'objet d'une discussion médicale. Ensuite, ils glorifièrent les avantages des sciences : que de choses à connaître ! que de recherches... si on avait le temps ! »

Gustave Flaubert,
Bouvard et Pécuchet,
1881

RÉMOLADE DE POULET

EST-IL RAISONNABLE DE VOULOIR TOUT SAVOIR, TOUT MAÎTRISER ? ENCORE FAUT-IL EN ÊTRE CAPABLE, CE QUE NE SONT PAS BOUVARD ET PÉCUCHET, PERSONNAGES HILARANTS DE GUSTAVE FLAUBERT (1821-1880), AUSSI BÊTES QUE DRÔLES, MAIS QUE LEUR GOURMANDISE REND MALGRÉ TOUT TRÈS ATTACHANTS.

POUR 6 PERSONNES
PRÉPARATION 30 MINUTES
CUISSON 1 HEURE 15

1 poulet entier en morceaux
50 g de beurre
50 cl de vin blanc sec
2 oignons
50 g de câpres
3 c. à soupe de vinaigre de cidre
2 c. à soupe de moutarde
1 c. à soupe de farine
Sel, poivre

1. Demandez à votre boucher de découper le poulet en six morceaux. Épluchez les oignons, puis hachez-les finement.
2. Dans une grande cocotte, faites fondre le beurre, puis mettez les oignons à blondir à feu doux. Lorsqu'ils sont translucides, ajoutez le vin blanc et le vinaigre, remuez au fouet à main.
3. Mettez les morceaux de poulet dans la cocotte et, à feu très vif, retournez-les plusieurs fois afin de les enrober de sauce, jusqu'à ce qu'ils soient colorés, soit une dizaine de minutes. Ajoutez 1 litre d'eau, salez, poivrez.
4. Couvrez la cocotte et laissez cuire 1 heure à feu moyen en ajoutant 1 ou 2 verres d'eau en cours de cuisson.
5. Lorsque le poulet est cuit, sortez les morceaux de la cocotte avec une écumoire et réservez-les au chaud.
6. Versez la farine dans la cocotte, puis remuez au fouet à main sur le feu, à petite ébullition, jusqu'à ce que le mélange épaississe. Ajoutez alors la moutarde et les câpres, remuez, et ne faites plus bouillir la sauce jusqu'au moment de servir.

Pour une rémolade verte, mixez 20 g de cerfeuil et 20 g d'estragon, et ajoutez-les à la sauce.

« Il avait faim. La fatigue et la marche avaient comme émoussé l'aigu de ses ennuis. Il était presque joyeux, lorsqu'il avisa un petit mastroque, derrière la vitrine duquel se tuméfiait un melon grandi dans de l'alcool. Des rangées de bouteille avec des capsules de plomb sur la tête et des étoiles allumées au milieu du ventre, formaient le demi-cercle, enveloppaient deux étages de bonbons meurtris, des vinaigrettes persillées de bœuf froid, des ratas figés aux navets, des tôt-faits avec des plaques noires de brûlé, godant sur leur bourbe jaune. »

Joris-Karl Huysmans,
En ménage,
1881

TÔT-FAIT

ANDRÉ A QUITTÉ SA FEMME, ET IL LE REGRETTE VIVEMENT. NON, EN FAIT CE QU'IL REGRETTE, CE SONT LES JOIES DE LA VIE DOMESTIQUE, ET NOTAMMENT CELLE QUI CONSISTAIT À TROUVER LE DÎNER TOUT PRÊT SUR LA TABLE. ALORS IL ERRE DANS LES BISTROTS. IL EST VRAI QUE CHEZ JORIS-KARL HUYSMANS (1848-1907) MISOGYNE PATENTÉ, LES FEMMES NE SONT GUÈRE QU'UTILES OU DÉCORATIVES.

POUR 6 PERSONNES
PRÉPARATION 10 MINUTES
CUISSON 35 MINUTES

4 œufs
1 litre de lait
50 g de beurre
100 g de sucre brun
50 g de farine
2 c. à soupe de la liqueur de votre choix

1. Préchauffez le four à 180 °C (th. 6). Dans une terrine, cassez les œufs, puis ajoutez le sucre. Battez au fouet électrique jusqu'à ce que le mélange soit bien mousseux.
2. Incorporez progressivement le lait, sans cesser de fouetter, puis ajoutez la farine et la liqueur.
3. Beurrez généreusement un moule à manqué, versez-y la préparation. Enfournez 35 minutes, puis laissez refroidir hors du feu avant de démouler.

Vous pouvez parfumer ce tôt-fait au gré de votre imagination : poudre d'amandes, zestes d'agrumes, confiture...

GÂTEAU DE RIZ

ORGANISER DES DÎNERS POUR DISCUTER GASTRONOMIE, VOILÀ UNE IDÉE QUI TOMBE SOUS LE SENS, ET QUE RELAYA DE 1830 À 1831 LE JOURNAL UNIVERSEL DU GOÛT *LE GASTRONOME*, RÉDIGÉ PAR UNE SOCIÉTÉ D'HOMMES DE BOUCHE ET D'HOMMES DE LETTRES, DONT VICTOR HUGO, QUI REFUSAIENT DE SE PRENDRE AU SÉRIEUX. NE DOUTONS PAS QUE LEURS RÉUNIONS DEVAIENT SE DÉROULER DE MANIÈRE AUSSI GOURMANDE QU'ANIMÉE !

POUR 6 PERSONNES
PRÉPARATION 30 MINUTES
CUISSON 40 MINUTES

200 g de riz rond
3 œufs
1 litre de lait (entier de préférence)
100 g de beurre + 1 grosse noix pour le moule
50 g de sucre
1 gousse de vanille

1. Dans une grande casserole, portez le lait à ébullition. Fendez la gousse de vanille en deux dans le sens de la longueur et grattez l'intérieur, ajoutez les grains et la gousse dans la casserole. Jetez le sucre, le riz en pluie, mélangez bien, puis baissez le feu au minimum et laissez cuire 20 à 25 minutes.
2. Sortez la gousse de vanille de la casserole, ajoutez le beurre et mélangez soigneusement. Cassez les œufs en séparant les jaunes des blancs, ajoutez les jaunes dans la casserole, mélangez bien.
3. Préchauffez le four à 180 °C (th. 6). Fouettez les blancs d'œufs en neige ferme, puis incorporez-les délicatement à la préparation.
4. Beurrez généreusement un moule à manqué, puis versez la préparation dans le moule. Enfournez 40 minutes, jusqu'à ce que le riz au lait soit bien doré.

Les très gourmands dégusteront ce dessert avec une crème anglaise...

« VIVE la gastronomie !
Ce mot-là renferme tout :
Au cours, à l'Académie,
Je vois des gourmands partout ;
J'en vois chez les bons vivans,
Chez les sots, chez les savans ;
J'en vois chez nos desservans ;
J'en vois dans tous les couvens...
[...] Écrasons ces escadrons
De gratins, de macarons ;
Tombons sur les mousserons,
Sur les crèmes aux citrons,
Sur les rôtis, les salades
Et sur les artichauts frits,
Enfin sur les marmelades
Et sur les gâteaux de riz.
Allons, amis, profitons
Du talent des marmitons. »

Victor Delacroix,
Chanson-Menu, Le Gastronome,
1831

« C'est le fruitier, répliqua mon ami, qui vous a amené à cette conclusion que le raccommodeur de semelles n'était pas de taille à jouer Xerxès et tous les rôles de ce genre.
– Le fruitier ! Vous m'étonnez ! Je ne connais de fruitier d'aucune espèce.
– L'homme qui s'est jeté contre vous, quand nous sommes entrés dans la rue, il y a peut-être un quart d'heure.
Je me rappelai alors qu'en effet un fruitier, portant sur sa tête un grand panier de pommes, m'avait presque jeté par terre par maladresse, comme nous passions de la rue C... dans l'artère principale où nous étions alors. »

Edgar Poe,
Double Assassinat dans la rue Morgue,
1841

TARTE AUX POMMES DE LA RUE MORGUE

QUI A TUÉ DAME L'ESPANAYE ET SA FILLE, MADEMOISELLE CAMILLE L'ESPANAYE, DANS UNE PIÈCE CLOSE À DOUBLE TOUR ? VOILÀ L'ÉNIGME IMPOSSIBLE QUE DOIT RÉSOUDRE LE CHEVALIER DUPIN, DIGNE ANCÊTRE DE SHERLOCK HOLMES, D'HERCULE POIROT ET DU COMMISSAIRE MAIGRET, DANS UN PARIS TOTALEMENT RÊVÉ.

POUR 6 PERSONNES
PRÉPARATION 30 MINUTES
CUISSON 30 MINUTES

1 kg de pommes
200 g de farine
100 g de beurre
+ 1 grosse noix pour le moule
1 œuf
150 g de sucre
5 c. à soupe de gelée de pommes

1. Faites fondre 100 g de beurre dans une petite casserole. Dans une terrine, versez la farine, ajoutez le beurre fondu, l'œuf puis 15 cl d'eau, et pétrissez la pâte jusqu'à former une boule.
2. Préchauffez le four à 210 °C (th. 7). Beurrez généreusement un moule à tarte. Étalez-y la pâte, soit en l'abaissant d'abord au rouleau, soit à la main. Saupoudrez la pâte de la moitié du sucre.
3. Épluchez les pommes, coupez-les en quatre, retirez le cœur et coupez chaque quartier en tranches régulières. Disposez les lamelles de pommes sur la pâte en les serrant bien. Badigeonnez ensuite de gelée de pommes avec une cuillère et saupoudrez du reste de sucre.
4. Enfournez pour 30 minutes et dégustez chaud ou froid.

« Dès quatre heures du soir, les bureaux du mont-de-piété, les boutiques des fripiers et celles des bouquinistes avaient été encombrés par une foule bruyante qui s'en vint dans la soirée prendre d'assaut les boutiques des charcutiers, des rôtisseurs et des épiciers. On faisait la queue chez les boulangers comme aux jours de disette. Les marchands de vin écoulaient les produits de trois vendanges, et un statisticien habile aurait eu peine à nombrer le chiffre des jambonneaux et des saucissons qui se débitèrent chez le célèbre Borel de la rue Dauphine. Dans cette seule soirée, le père Cretaine, dit Petit-Pain, épuisa dix-huit éditions de ses gâteaux au beurre. »

Henry Murger,
Scènes de la vie de bohème,
1850

GÂTEAU AU BEURRE DES BUVEURS D'EAU

AH, LA VIE DE BOHÈME ! VIVRE SANS SE SOUCIER DU LENDEMAIN… VOILÀ LE QUOTIDIEN DU GROUPE DES BUVEURS D'EAU, QUI ÉCUMA LE QUARTIER LATIN DANS LES ANNÉES 1850. HENRY MURGER (1822-1861) EN FIT UN LIVRE CULTE, PUCCINI UN OPÉRA, ET LA BOHÈME DEVINT UN VRAI MODE DE VIE.

POUR 8 PERSONNES
PRÉPARATION 10 MINUTES
LA VEILLE, 30 MINUTES
LE JOUR MÊME
CUISSON 55 MINUTES

400 g de farine
200 g de beurre
+ 1 noix pour le moule
4 jaunes d'œufs
15 cl de crème épaisse
50 g de sucre
1 gousse de vanille
1 cube de levain

1. La veille, préparez le levain et le sucre vanillé. Dans une terrine, versez 15 cl d'eau tiède et le cube de levure. Lorsque le cube est dissous, mélangez, puis ajoutez 250 g de farine et 2 cuillerées à soupe de crème. Mélangez à la fourchette et laissez reposer sous un torchon jusqu'au lendemain. Fendez la gousse de vanille et glissez-la dans le sucre. Réservez dans une boîte hermétique jusqu'au lendemain.
2. Le lendemain, la pâte doit avoir presque doublé de volume. Dans une nouvelle terrine, versez le reste de farine et le sucre. Faites fondre 100 g de beurre, versez-le dans la terrine, puis ajoutez les jaunes d'œufs et remuez bien à la fourchette. Ajoutez le reste de crème, puis incorporez la pâte levée.
3. Préchauffez le four à 220 °C (th. 8). Beurrez un moule assez haut, puis versez la pâte et enfournez 45 minutes. À mi-cuisson, réduisez la température à 180 °C (th. 6).
4. Sortez le gâteau du four, coupez-le en deux dans sa hauteur et tartinez le dessus du disque inférieur du reste du beurre. Reconstituez le gâteau et placez-le de nouveau au four pendant une dizaine de minutes avant de le déguster de préférence chaud…

« Si je pouvais toujours vivre ici, être assuré de loger ici, pendant des années, pensait Rabe, je mettrais une petite étagère au-dessus de cette table afin d'y ranger des livres. Si Nelly pouvait se réveiller et s'en aller, je resterais au lit jusqu'à midi. Il me reste, ma chambre payée, une quarantaine de sous, de quoi prendre un quart de vin, une demi-portion et un dessert au restaurant qui fait le coin de la rue Lepic. Si Nelly ne s'en va pas… Alors ? Alors je serai forcé de partager bêtement mes quarante sous avec elle. »

Pierre Mac Orlan,
Le Quai des brumes,
1927

CRÈME CARAMEL

IMMORTALISÉ PAR LES YEUX DE MICHÈLE MORGAN ET LE PHRASÉ DE JEAN GABIN, LE ROMAN DE PIERRE MAC ORLAN, (1882-1970) ÉCRIVAIN MYTHIQUE DE LA BOHÈME PARISIENNE, FAIT LA PART BELLE À MONTMARTRE, COLLINE ENCORE SAUVAGE SUR LAQUELLE UN MYSTÉRIEUX CRIMINEL SÈME LA TERREUR, QUAND LA NUIT TOMBE ET QUE LE BROUILLARD SE LÈVE.

POUR 6 COUPES
PRÉPARATION 20 MINUTES, LA VEILLE
CUISSON 15 MINUTES, LA VEILLE

4 jaunes d'œufs
50 cl de lait
Une dizaine de morceaux de sucre
150 g de sucre en poudre

1. La veille, disposez les morceaux de sucre dans une casserole à fond épais, puis versez dessus un demi-verre d'eau (7-8 cl). Faites chauffer à feu doux et dès que le mélange se colore, ôtez-le du feu.
2. Délayez le caramel en y versant le lait bouillant.
3. Mettez les jaunes d'œufs dans une terrine, ajoutez le sucre en poudre et mélangez. Versez peu à peu le lait bouillant sur le mélange, remettez le tout dans la casserole et remuez avec une cuillère en bois, à feu doux, jusqu'à ce que la crème épaississe légèrement.
4. Retirez aussitôt du feu et versez dans 6 ramequins. Laissez refroidir avant de placer les ramequins dans le réfrigérateur jusqu'au lendemain.

Les brasseries mythiques de Paris étalent leurs dorures Belle Époque. Ouvert en 1900, à l'occasion de l'Exposition Universelle, le « Buffet de la Gare de Lyon » devint le Train Bleu (en haut et page de droite) en 1963, en hommage au célèbre train Paris-Vintimille. Les portraits d'Edmond Rostand et de Sarah Bernhardt veillent sur la clientèle, Jean Cocteau, Colette, Marcel Pagnol furent des habitués de l'endroit...
Quant à la Brasserie Lipp, créée en 1880 par Léonard Lipp, elle vit défiler la fine fleur des écrivains : André Gide, Albert Camus, et bien sûr Ernest Hemingway !

CHAPITRE II

Cafés, restaurants et brasseries

Cafés, restaurants et brasseries

Plus élégant que le bistrot, plus chic que le marchand de vin, le café devint au XIXe siècle un emblème de la gastronomie parisienne de qualité. « Il faut être hardi pour dîner au *Café Riche*, et riche pour dîner au *Café Hardy* », déclame-t-on sur les boulevards. Les élégantes prennent place dans des fauteuils en osier, rue Taitbout, et se font apporter par leur domestique des amuse-bouches venus des restaurants voisins ou, mieux encore, une glace ou un sorbet de chez *Tortoni*... Les cuisiniers deviennent des stars : « Qui mieux que Bignon, du *Café Riche*, disserte sur le classement des vins, sur l'avenir des récoltes ? » écrit Nestor Roqueplan, dandy, homme du monde et chroniqueur gastronomique dans le journal *Le Constitutionnel*, en 1866, avant d'ajouter : « Les seuls cuisiniers du monde civilisé sont des cuisiniers français. Les autres peuples entendent diversement la nourriture, les Français entendent seuls la cuisine. » Chauvinisme remarquable !

Les frères Goncourt, râleurs patentés, ne laissent pas de critiquer le train de vie des restaurateurs : « *Le Café Anglais* vend par an pour 80 000 francs de cigares. Le cuisinier a un traitement de 25 000 francs. Son maître est dans ses terres. Il a chevaux, voiture, il est membre du conseil général. Voilà la grandeur des folies de Paris », écrivent-ils dans leur *Journal* le 11 janvier 1863.

Tout homme ou femme de lettres, tout artiste quelque peu en vue se doit de fréquenter un de ces établissements à la mode, et de s'y faire remarquer : Alfred de Musset organise au *Café de Paris* un dîner pour fêter un succès littéraire, Théophile Gautier y recueille les ragots et informations qu'il transformera en articles dans la *Revue des Deux mondes*, Gérard de Nerval déjeune au *Café Hardy* avant d'aller hanter les Halles, la nuit venue. En manque de moyens, il s'arrange pour se faire inviter : de nombreux mécènes aiment à fréquenter gens de lettres et artistes, et plus d'un restaurateur parisien se félicita d'avoir accepté, en guise de règlement, des toiles de clients insolvables, nommés Maurice Utrillo, Vincent Van Gogh ou Pablo Picasso !

Les dîners littéraires font florès : dîners *Magny* (rue de la Contrescarpe-Dauphine, aujourd'hui rue Mazet) avec George Sand, Gustave Flaubert et les frères Goncourt, dîners *Bixio*, dans lesquels on était coopté par un vote aux... haricots (rouges ou blancs, il fallait n'en obtenir que des blancs) et auxquels assistèrent Alexandre Dumas, Prosper Mérimée, Delacroix.

Au dîner des « Vilains Bonhommes » (ainsi nommés car ils ont applaudi une pièce décriée de François Coppée), on peut croiser Paul Verlaine et Théodore de Banville...

Certains établissements se transforment même, la soirée avançant, en pré carré des gens de lettres : le *Café Anglais*, au coin de la rue Marivaux et du boulevard des Italiens, fut un temps le quartier général d'Honoré de Balzac, qui y plaça de nombreuses scènes de la *Comédie humaine* : « Rastignac saisit Lucien et l'emmena chez lui, rue Taitbout, à deux pas de cette scène, qui avait lieu sur le boulevard de Gand, à l'heure du dîner. Cette circonstance évita les rassemblements d'usage en pareil cas. De Marsay vint chercher Lucien, que les deux dandies forcèrent à dîner joyeusement avec eux au *Café Anglais*, où ils se grisèrent. » (*Illusions perdues*)

Lorsque certains grands cafés ferment leurs portes, à la fin du XIXe siècle, d'autres établissements firent les beaux jours d'écrivains aux moyens plus modestes. Intitulés « bouillons », ils servent une cuisine simple dans un décor apprêté. Dans *Paris illustré*, paru en 1875, Adolphe Joanne évoque « de véritables restaurants où l'on peut, moyennant 4 fr. 50 c., prendre un repas fort simple, mais sain, consistant, outre le potage, en viandes rôties ou bouillies, poisson, légumes, dessert, etc. Les plus renommés ont été fondés par M. Duval, boucher. »

Le bouillon, dans le monde des lettres, permet à certains de ne pas perdre la face, tout en mangeant à bas prix. Ainsi Jules Renard écrit-il dans son *Journal*, en parlant de Rosny Aîné : « Il m'invita à déjeuner et me dit : "Nous irons au bouillon Duval ? Nous irions bien chez Durand, mais ce n'est pas la peine que je vous jette de la poudre aux yeux. Ça ne prendrait pas, avec vous." »

Clinquantes, trop chargées de dorures pour certains, en prix fixe ou « à la carte », les brasseries reçoivent le dimanche des familles entières et rencontrent au XIXe siècle le mépris des écrivains : trop bourgeoises ! Mais le XXe siècle vient bouleverser cette hiérarchie gastronomique ; les artistes fréquentent Montparnasse et le Quartier latin : « Nous avions établi notre quartier général au *Dôme*. Les matins où je n'allais pas au lycée, j'y prenais mon petit déjeuner. Je ne travaillais jamais dans ma chambre, mais dans un box, au fond du café. », écrit Simone de Beauvoir dans *La Force de l'âge*.

La brasserie du Quartier latin devient un endroit où l'on rencontre toutes sortes de farfelus, modèles idéaux de futures caricatures littéraires. Alphonse Allais, dans un recueil de nouvelles hilarant, décrit quelques-unes de ces rencontres : « Il s'installa près de la table où je me trouvais, et commanda six tasses de café.

– Tiens, pensai-je, voilà un monsieur qui attend cinq personnes.

Erronée déduction, car ce fut lui seul qui dégusta les six mokas, l'un après l'autre, bien entendu, car aurait-il pu les boire tous ensemble, ou même simultanément ?

S'apercevant de ma légère stupeur, il se tourna vers moi, et d'une voix nonchalante, qui laissait traîner les mots comme des savates, il me dit :

– Moi… je suis un type dans le genre de Balzac… je bois énormément de café.

Un tel début n'était point fait pour me déplaire. »

Avoir son couvert dans une brasserie à la mode devient un signe de qualité littéraire… « Fais-toi donc chroniqueur, imbécile ! Fais-toi chroniqueur ! Tu gagneras de beaux écus à la rose, tu auras ton couvert chez Brébant, et tu pourras te montrer les jours de première avec une plume neuve à ta barrette… » conseille Alphonse Daudet à un jeune confrère.

Cette fatuité n'est plus de saison : de nos jours, un écrivain reconnu dans un restaurant parisien n'y accorderait aucune importance…

« Souvent il s'aperçut, ou crut s'apercevoir, que des hommes le suivaient, des hommes de la police, il n'en doutait point, qui ne renonçaient pas à le faire tomber dans quelque piège.
Et d'avance il sentait l'étreinte rude de la main qui le prendrait au collet.
Un soir qu'il dînait chez un traiteur du quartier, quelqu'un s'installa en face de lui. C'était un individu d'une quarantaine d'années, vêtu d'une redingote noire de propreté douteuse.
Il commanda une soupe, des légumes et un litre de vin. »

Maurice Leblanc,
Arsène Lupin gentleman cambrioleur,
1907

VELOUTÉ ARSÈNE LUPIN

S'IL EST UN PERSONNAGE LITTÉRAIRE QUI CONNAÎT PARIS MIEUX QUE PERSONNE, C'EST BIEN ARSÈNE LUPIN, NÉ EN 1905 SOUS LA PLUME DE MAURICE LEBLANC (1864-1941). SUR LES TOITS, DANS LES SOUS-SOLS OU À TRAVERS LES RUELLES ÉTROITES, LE GENTLEMAN CAMBRIOLEUR ÉCHAPPE TOUJOURS À LA POLICE.

POUR 6 PERSONNES
PRÉPARATION 5 MINUTES LA VEILLE, 30 MINUTES LE JOUR MÊME
CUISSON 35 MINUTES

1 kg de haricots rouges secs
2 carottes
2 oignons
100 g de beurre
1 cube de bouillon de volaille
5 clous de girofle
1/2 baguette
Sel, poivre

1. La veille, mettez à tremper les haricots dans de l'eau froide. Si vous utilisez des haricots en conserve, supprimez la cuisson.
2. Le lendemain, dans une cocotte, faites fondre 50 g de beurre. Épluchez un oignon, émincez-le finement et laissez-le cuire dans le beurre fondu à petit feu une dizaine de minutes. Pelez le deuxième oignon et piquez-le des clous de girofle.
3. Ajoutez 2 litres d'eau dans la cocotte et le cube de bouillon de volaille. Portez à ébullition, puis ajoutez les haricots égouttés et l'oignon piqué de clous de girofle ; laissez cuire 35 minutes à feu moyen. Salez, poivrez.
4. Épluchez les carottes, coupez-les en fines rondelles et faites-les cuire à la vapeur ou dans très peu d'eau une dizaine de minutes.
5. Lorsque les haricots sont cuits, ôtez l'oignon entier, puis passez les haricots au moulin à légumes traditionnel.
6. Tartinez le pain de beurre et coupez-le en petits morceaux, puis faites-les revenir à la poêle 5 minutes.
7. Ajoutez les carottes dans la cocotte, puis servez la soupe à l'assiette, sur les croûtons.

« La grande salle est un peu tumultueuse, mais il y a des salles particulières et des cabinets. Il ne faut pas se dissimuler que c'est là le restaurant des aristos. On doit y demander d'abord des huîtres d'Ostende avec un peu d'échalotes poivrées et vinaigrées pour les arroser, ensuite c'est la soupe à l'oignon qui s'exécute admirablement à la Halle et dans laquelle les raffinés sèment du parmesan râpé. »

Gérard de Nerval,
Nuits d'octobre,
1861

SOUPE À L'OIGNON DE CHEZ BARATTE

INSOMNIAQUE ET DANDY, POÈTE ET SUICIDAIRE, GÉRARD DE NERVAL (1808-1855) AIME PARIS COMME IL AIME TOUTES CHOSES, AVEC PASSION ET DÉSESPOIR, ET PORTE UN REGARD SÉVÈRE SUR UN DES RESTAURANTS LES PLUS EN VOGUE DE SON ÉPOQUE.

POUR 6 PERSONNES
PRÉPARATION 25 MINUTES
CUISSON 30 MINUTES

5 oignons
100 g de beurre
3 jaunes d'œufs
15 cl de lait
1 c. à café de muscade râpée
1/2 baguette
Parmesan râpé
Sel, poivre

1. Faites fondre 50 g de beurre dans une cocotte. Épluchez les oignons (sous l'eau, pour ne pas pleurer), puis émincez-les finement et ajoutez-les dans la cocotte. Faites-les revenir 15 minutes environ, à feu doux, jusqu'à ce qu'ils soient translucides.
2. Ajoutez 3 litres d'eau froide, et faites cuire 20 minutes à feu moyen. Salez, poivrez. Pendant ce temps, mettez les jaunes d'œufs dans une terrine, ajoutez le lait et la muscade et remuez vigoureusement au fouet.
3. Découpez le pain en tranches fines, tartinez-les du reste du beurre, puis passez-les sous le gril du four ou bien poêlez-les.
4. Ajoutez la crème aux œufs dans la cocotte, réduisez le feu et laissez cuire la soupe en évitant toute reprise d'ébullition. Servez avec les tranches de pain au beurre et le parmesan.

Lecture à voix haute des poésies de Nerval recommandée pendant la dégustation...

« Et il leva son verre de champagne, qui n'était pas la coupe bête et païenne par laquelle on l'a remplacé [...] Puis il étreignit d'un regard circulaire toutes ces femmes qui formaient autour de la table une si magnifique ceinture.
– Et cependant, ajouta-t-il en replaçant son verre devant lui, avec une mélancolie étonnante pour un tel nabuchodonosor qui n'avait encore mangé d'herbe que les salades à l'estragon du café Anglais, et cependant c'est la vérité, qu'il y en a un entre tous les sentiments de la vie, qui rayonne toujours dans le souvenir plus fort que les autres, à mesure que la vie s'avance, et pour lequel on les donnerait tous ! »

Barbey d'Aurevilly,
Les Diaboliques,
« Le plus bel amour de Don Juan »,
1874

SALADE DIABOLIQUE DU CAFÉ ANGLAIS

IDÉE CRUELLE ET SÉDUISANTE QU'ONT EUE UNE DIZAINE D'ÉLÉGANTES DU FAUBOURG SAINT-GERMAIN POUR SE VENGER D'UN DON JUAN : L'INVITER À PARTAGER UN DÎNER SOMPTUEUX POUR LUI FAIRE REGRETTER DE LES AVOIR QUITTÉES ET LUI FAIRE AVOUER QUI A EU LA PRÉFÉRENCE. MAIS LE SÉDUCTEUR TOMBERA-T-IL DANS LEUR PIÈGE ?

POUR 6 PERSONNES

PRÉPARATION 30 MINUTES

150 g de feuilles d'épinards
1 cœur de laitue
1 salade trévise
150 g de stilton
100 g de noix
1 branche de céleri
20 g d'estragon
6 c. à soupe d'huile de tournesol
3 c. à soupe de vinaigre de pomme
Sel, poivre

1. Lavez les salades, essorez-les soigneusement puis équeutez les feuilles d'épinards. Effeuillez la trévise.
2. Émincez finement le céleri, décortiquez les noix et partagez-les autant que possible en quartiers.
3. Découpez le stilton en tranches fines, de 3 cm de longueur environ. Hachez l'estragon.
4. Dans un saladier, préparez la vinaigrette : mélangez huile et vinaigre, salez, poivrez, puis remuez au fouet pour émulsionner la sauce. Réservez un tiers de la vinaigrette.
5. Disposez dans le saladier les feuilles de laitue, celles de trévise et les épinards, et mélangez soigneusement.
6. Dans chaque assiette, disposez la salade, puis répartissez le céleri émincé, les noix et enfin le stilton. Saupoudrez d'estragon, versez 1 cuillerée à café de sauce sur chaque assiette et servez aussitôt.

GALANTINE DE VOLAILLE

LE MOLIÈRE ALLEMAND, QUI MENA UNE VIE D'ESPION, D'AUTEUR DRAMATIQUE ET DE DIPLOMATE DE 1761 À 1819, PARCOURUT LE MONDE ET GOÛTA SANS DOUTE À AUTANT DE SPÉCIALITÉS GASTRONOMIQUES QUE L'ON PEUT EN RÊVER. IL EN TIRA DES CARNETS QUI FONT ENCORE RÉFÉRENCE AUJOURD'HUI.

POUR 6 PERSONNES
PRÉPARATION 30 MINUTES, 3 JOURS AVANT
CUISSON 1 HEURE, 3 JOURS AVANT

1 fine escalope de veau de 400 g
250 g de blanc de volaille
200 g de foie de veau
100 g de beurre
1 œuf
1 carotte
1 poireau
50 g de pistaches décortiquées
1 biscotte
4 c. à soupe de madère
1 bouquet garni
Sel, poivre

1. Découpez le foie de veau en lamelles fines et courtes. Hachez le blanc de volaille. Dans une terrine, mélangez délicatement le blanc de volaille, la biscotte écrasée, l'œuf et le madère. Terminez par les lamelles de foie de veau et les pistaches. Salez, poivrez.
2. Étalez l'escalope de veau sur une planche à découper, disposez la farce au milieu, puis refermez l'escalope sur la farce et ficelez-la comme un rôti (en entrecroisant la ficelle).
3. Épluchez et émincez la carotte et le poireau, faites-les revenir 10 minutes dans une cocotte avec la moitié du beurre, puis ajoutez la viande et faites-la dorer une dizaine de minutes avec le reste du beurre. Recouvrez à peine d'eau, ajoutez le bouquet garni et faites mijoter à feu doux, en retournant la galantine à intervalles réguliers, pendant 1 heure environ.
4. Sortez la cocotte du feu, laissez-la refroidir, puis mettez-la au réfrigérateur pendant 3 jours. Servez froid avec des cornichons, des petits oignons, des radis et une salade verte.

« Je recommande à chaque voyageur de dîner au moins une fois chez Grignon [aujourd'hui Grand Véfour] près du Palais-Royal. On a d'abord le choix de neuf soupes suivies de sept différentes espèces de petits pâtés. Celui qui n'est point amateur de pâtés peut demander des huîtres à dix sous la douzaine. Il y a vingt-cinq hors-d'œuvre [...], trente et une sortes d'entrées de volaille et de gibier ; vingt-huit, de mouton et de veau. Le choix est difficile, d'autant plus que les termes techniques et bizarres sont souvent incompréhensibles. Qui devinerait, par exemple, ce que c'est qu'une mayonnaise de poulets, une galantine de volaille, une côtelette à la minute ? »

August von Kotzebue,
Mes souvenirs de Paris,
1804

SALADE HEMINGWAY

Manger ou écrire : pour le jeune Ernest Hemingway (1899-1961) dans le Paris des années 1920, la question se pose parfois. Et lorsque enfin ses écrits lui sont rémunérés, le festin est à la hauteur de cet affamé de la vie…

POUR 4 PERSONNES

PRÉPARATION 20 MINUTES

CUISSON 15 MINUTES

4 pommes de terre fermes (de type Bintje)
300 g de cervelas
1 oignon
1 échalote
10 c. à soupe d'huile d'olive
2 c. à soupe de vinaigre de cidre
2 c. à soupe de moutarde forte
10 brins de ciboulette
Sel, poivre

1. Épluchez les pommes de terre et faites-les cuire à la vapeur 10 à 15 minutes selon leur taille, sans les couper. Elles resteront ainsi plus fermes dans la salade.
2. Pendant ce temps, mélangez dans un bol la moutarde et 5 cuillerées à soupe d'huile d'olive, jusqu'à obtenir une émulsion homogène. Salez, poivrez.
3. Découpez le cervelas en deux dans le sens de la longueur puis en tronçons de 4 cm environ. Nappez de sauce le cervelas, puis réservez.
4. Dans une terrine, mélangez 5 cuillerées à soupe d'huile, le vinaigre, salez et poivrez.
5. Épluchez et émincez finement l'oignon et l'échalote, hachez la ciboulette et ajoutez tout dans la terrine. Mélangez vigoureusement.
6. Coupez les pommes de terre en morceaux, ajoutez-les dans la terrine et mélangez, délicatement cette fois.

À votre convenance, ajoutez le cervelas ou bien servez-le à part. Sans oublier la bière, même si Hemingway a très probablement romancé ces souvenirs, car Lipp n'a jamais servi d'autre mesure que les 33 cl !

AVIS
Par Mesure d'Hygiène
Messieurs les Clients sont priés de
ne pas faire manger les chiens
dans le matériel de la Maison
et de ne pas les faire monter
sur les Sièges

LIPP
St Germain des Prés

« Il ne fallait pas longtemps pour aller chez Lipp et le plaisir de m'y rendre était accru par les sensations que me rapportait, au passage, mon estomac, plus encore que mes yeux et mon odorat, le long du chemin. Il y avait peu de monde à la brasserie et quand je pris place sur la banquette, contre le mur, avec le miroir dans mon dos et une table devant moi, et quand le garçon me demanda si je voulais une bière, je commandai un distingué, une grande chope en verre qui pouvait contenir un bon litre, et une salade de pommes de terre.
La bière était fraîche et merveilleuse à boire. Les pommes à l'huile étaient fermes et bien marinées et l'huile d'olive était exquise. Je moulus du poivre noir sur les pommes de terre et trempai le pain dans l'huile d'olive. Après la première grande rasade de bière, je bus et je mangeai très lentement. Quand j'eus fait un sort aux pommes à l'huile, j'en demandai une nouvelle portion, avec du cervelas. C'était une sorte de grosse saucisse de Francfort, lourde et coupée en deux dans le sens de la longueur, assaisonnée avec une sauce spéciale à la moutarde. »

Ernest Hemingway,
Paris est une fête,
1964

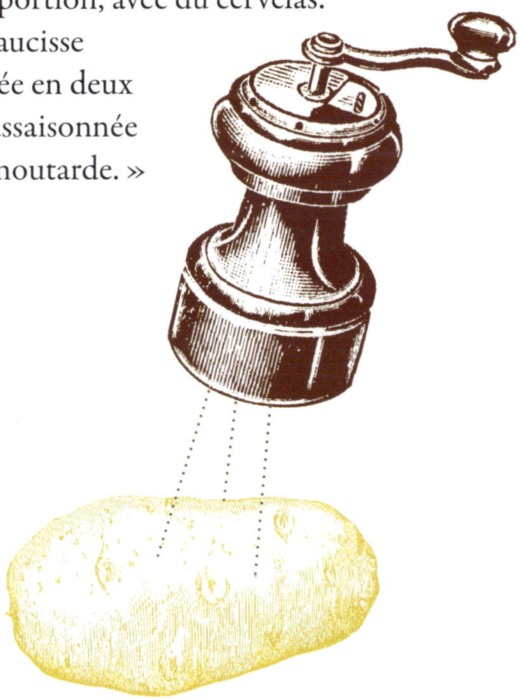

GIGOT À LA BROCHE AUX CHOUX ET HARICOTS ROUGES

Qui ne connaît pas Poil de Carotte, enfant martyrisé par sa mère et ses frère et sœur ? Quant à son père littéraire, Jules Renard (1864-1910), il fréquenta le Tout-Paris littéraire de la fin du XIXe siècle, en portant sur ses contemporains un regard plus qu'acide.

POUR 8 PERSONNES

PRÉPARATION 30 MINUTES

CUISSON 2 HEURES 30

1 gigot d'agneau de 2,5 kg environ
400 g de haricots rouges (en conserve ou secs)
1 chou rouge
2 carottes
2 oignons
150 g de beurre
2 c. à soupe de moutarde
2 c. à soupe d'huile + huile pour la lèchefrite
1 c. à soupe de vinaigre de cidre
1 c. à soupe de farine
Sel, poivre

1. Préchauffez le four à 210 °C (th. 7). Huilez la lèchefrite, préparez la broche.
2. Faites fondre 50 g de beurre dans une petite casserole, puis ajoutez la moutarde et mélangez bien. Tartinez abondamment le gigot de ce mélange. Embrochez le gigot et mettez-le à cuire 2 heures 30 (30 minutes par 500 g).
3. Épluchez et émincez finement les oignons et les carottes, puis faites-les revenir dans 50 g de beurre, dans une cocotte, pendant 15 minutes. Ajoutez les haricots rouges égouttés. Salez, poivrez. Si vous avez choisi des haricots secs, faites-les tremper une nuit dans de l'eau froide avant de les ajouter dans la cocotte.
4. Préparez la salade : lavez et émincez le chou rouge finement, puis mélangez l'huile, le vinaigre, salez, poivrez. Versez la vinaigrette sur le chou, mélangez et laissez reposer au frais.
5. En fin de cuisson du gigot, récupérez le jus de cuisson dans la lèchefrite. Versez-en la moitié dans les légumes, réservez l'autre moitié dans une petite casserole. Ajoutez 50 g de beurre dans la casserole, faites chauffer en remuant au fouet, puis incorporez la farine et mélangez jusqu'à ce que la sauce soit onctueuse. Salez, poivrez. Servez bien chaud.

« Rosny aîné qui me prend les mains :
– Nous ne faisons pas de discours, mais je tiens à vous dire que nous sommes heureux de vous compter parmi nous… Talent… Caractère… Honnête homme…
– Je suis très touché, dis-je, en prenant les deux mains de Rosny. […]
On commande le dîner. Descaves s'agite comme un petit sergent de semaine. Pour la semaine prochaine, Mirbeau commande des choux rouges, un gigot aux haricots rouges. Un gros garçon prend note. Ils ne doivent pas nous prendre au sérieux. Manquent Paul Margueritte et Léon Daudet ; l'un a fui, l'autre fait une conférence en province. Dois-je avoir l'air vexé ? Je ne le remarque même pas. »

Jules Renard,
Journal,
12 novembre 1907

CÔTELETTES VICTOR HUGO

Abondamment adapté par le cinéma, Théophile Gautier (1811-1872), auteur notamment du *Capitaine Fracasse* et du *Roman de la momie*, fut un des acteurs majeurs de la vie littéraire parisienne. Disciple et ami de Victor Hugo, il ne perdait pas une occasion d'égratigner ses frères d'écriture.

POUR 4 PERSONNES

PRÉPARATION 30 MINUTES

CUISSON 20 MINUTES

4 côtelettes d'agneau (ou 8 selon l'appétit des convives)
200 g de haricots verts
100 g de haricots beurre
150 g de haricots cocos plats
150 g de noix décortiquées
1 gousse d'ail
20 g de persil
6 c. à soupe d'huile de noix
30 g de beurre
Sel de Guérande, poivre

1. Effilez les haricots verts et les haricots beurre, que vous aurez choisis frais et extrafins. Équeutez les cocos plats, et coupez-les en tronçons de 2 cm de largeur environ.
2. Faites cuire à la vapeur les haricots verts et les haricots beurre durant 10 minutes.
3. Pendant ce temps, mixez les noix avec 2 cuillerées à soupe d'huile, jusqu'à obtenir une pâte lisse. Pelez la gousse d'ail et mixez-la avec le persil.
4. Lorsque les haricots sont cuits, sortez-les de l'autocuiseur et réservez-les.
5. Dans un wok ou une grande sauteuse, faites fondre le beurre avec 2 cuillerées à soupe d'huile, ajoutez l'ail et le persil, et laissez-les revenir quelques instants sans qu'ils brunissent. Ajoutez ensuite les cocos, mélangez ; faites cuire à feu doux une dizaine de minutes, ce qui doit les laisser croquants. Ajoutez alors les haricots verts et les haricots beurre, salez, poivrez et mélangez. Maintenez au chaud.
6. Peu de temps avant de servir, faites chauffer 2 cuillerées à soupe d'huile dans une sauteuse. Salez, poivrez les côtelettes, puis déposez-les dans l'huile chaude, et laissez-les dorer à feu moyen environ 4 minutes de chaque côté.
7. Faites réchauffer à feu très doux la crème aux noix, puis servez la côtelette d'agneau accompagnée de son trio de haricots à l'huile et de sa sauce aux noix.

« M. Hugo fait dans son assiette de fabuleux mélanges de côtelettes, de haricots à l'huile, de bœuf à la sauce tomate, d'omelette, de jambon, de café au lait relevé d'un filet de vinaigre, d'un peu de moutarde et de fromage de Brie, qu'il avale indistinctement très vite et très longtemps. Il lape aussi de deux heures en deux heures de grandes terrines de consommé froid. M. Alexandre Dumas demande régulièrement trois biftecks pour un, et suit cette proportion pour tout le reste. [...] M. Sandeau dîne passionnément, et Rossini a toujours l'âme à la cuisine ou aux environs. Le cuivre de son orchestre montre une certaine préoccupation de casserole qui ne quitte pas le grand maestro dans ses inspirations les plus sublimes. »

Théophile Gautier,
Contes humoristiques,
1872

« –Tu prends le temps de déjeuner, j'espère ?
– Je suis à la brasserie Dauphine et je vais justement le faire.
– Tu seras ici pour dîner ?
– Peut-être.
Parmi les odeurs qui flottaient toujours dans l'air, à la brasserie, il en était deux qui dominaient les autres : celle du Pernod, autour du bar, et celle du coq au vin qui venait par bouffées de la cuisine. »

Georges Simenon,
Maigret et le corps sans tête,
1955

COQ AU VIN DE LA BRASSERIE DAUPHINE

LOIN DE LA CÉLÈBRE BLANQUETTE DE MME MAIGRET, VOILÀ LE COMMISSAIRE LE PLUS CÉLÈBRE DE LA LITTÉRATURE POLICIÈRE EN TRAIN D'ENQUÊTER SUR UN CADAVRE REPÊCHÉ DANS LE CANAL SAINT-MARTIN. QUANT À LA PATRONNE DE LA BRASSERIE DAUPHINE, SI SON COQ AU VIN EST DÉLICIEUX, IL SE POURRAIT QUE SES INTENTIONS NE LE SOIENT PAS...

POUR 6 PERSONNES
PRÉPARATION 5 MINUTES LA VEILLE, 45 MINUTES LE JOUR MÊME
CUISSON 2 HEURES 30

1 coq de 4 kg environ
150 g de lardons
200 g de champignons de Paris
2 carottes
2 oignons nouveaux
2 gousses d'ail
1 bouquet garni
75 cl de bourgogne rouge
50 g de farine
50 g de beurre
20 g de persil
Sel, poivre

1. Demandez à votre boucher de découper le coq.
La veille, préparez la marinade dans un grand saladier : versez le vin, ajoutez le bouquet garni, les lardons et les gousses d'ail pelées. Disposez les morceaux de coq dans la marinade et couvrez. Réservez au frais.
2. Le lendemain, épluchez les carottes, les oignons et les champignons, puis émincez-les.
3. Versez la farine dans un plat creux, salez, poivrez et mélangez bien. Sortez les morceaux de coq de la marinade, égouttez-les rapidement et farinez-les.
4. Dans une cocotte, faites fondre le beurre, puis mettez à dorer les morceaux de coq une dizaine de minutes, en les retournant très fréquemment.
5. Ajoutez la marinade, les carottes, les oignons et les champignons. Salez, poivrez, puis couvrez et laissez cuire à feu moyen 2 heures 30 environ. Servez avec de la purée de pommes de terre.

POULE AUX AIRELLES EXISTENTIALISTE

La capitale lui appartient ! C'est du moins l'impression de Simone de Beauvoir (1908-1986) lorsqu'elle emménage à Paris, jeune professeure de philosophie. Celle qui refusa toujours d'apprendre à cuisiner raconta néanmoins dans ses *Mémoires* plus d'un souvenir gourmand...

POUR 4 PERSONNES
PRÉPARATION 5 MINUTES, LA VEILLE, 30 MINUTES LE JOUR MÊME
CUISSON 15 MINUTES, LA VEILLE 45 MINUTES LE JOUR MÊME

1 poularde de 2 kg environ
4 foies de volaille
1 tranche épaisse de jambon fumé
100 g de beurre
200 g d'airelles déshydratées (chez Bahadourian ou dans les épiceries exotiques)
4 oignons
1 bouquet garni
1 gousse d'ail
1 cube de bouillon de volaille
Sel, poivre

1. Demandez à votre boucher de couper la poule en 6 morceaux (choisissez de préférence une poularde). La veille, confectionnez le bouillon en portant à ébullition 1 litre d'eau. Ajoutez le cube de bouillon, mélangez jusqu'à ce qu'il soit dissous. Faites tremper la moitié des airelles dans le bouillon jusqu'au lendemain.
2. Le jour même, faites fondre 50 g de beurre dans une grande cocotte, puis mettez les morceaux de poularde à rissoler jusqu'à ce qu'ils soient bien dorés, en les retournant fréquemment. Ajoutez la moitié du bouillon, le bouquet garni, puis laissez mijoter 45 minutes à petit feu.
3. Pendant ce temps, dans une terrine, mélangez le reste des airelles et les foies de volaille. Salez, poivrez. Ajoutez l'ail pelé et hachez cette farce.
4. Émincez les oignons, puis faites fondre le reste de beurre dans une poêle et mettez-les à dorer. Lorsqu'ils sont translucides, versez la farce aux airelles dans la poêle et faites revenir 5 minutes.
5. Émincez le jambon fumé et ajoutez-le dans la poêle, faites revenir à nouveau 5 minutes.
6. Au moment de servir, ajoutez les airelles marinées et proposez cette compotée avec les morceaux de poularde et une purée de pommes de terre ou de pois, pour la couleur...

Ce plat exceptionnel aux yeux de Simone de Beauvoir est idéal pour un jour de fête !

Apéritifs
Digestifs

Noces
de
Jeannette
SALONS
RESTAURANT
SOUPERS

« Nous avions nos fêtes. Un soir, aux Vikings, je mangeai une poule aux airelles tandis que dans une tribune, un orchestre jouait l'air à la mode : Pagan love song. Je savais que ce festin ne m'aurait pas éblouie s'il n'eût été exceptionnel. »

Simone de Beauvoir,
La Force de l'âge,
1960

« – Oh ! que j'ai soif !
– Je ne demande pas mieux.
Mais pas dans cette brasserie…
– Si, ici ! Ça brille, ça "rabate",
c'est amusant.
– Mais c'est gendelettreux,
cocotteux, bruyant… […]
Un petit gémissement de
convoitise m'échappe, suscité
par le parfum en traînée d'un
plat d'écrevisses qui passe.
– Des écrevisses aussi ?
Voilà, voilà ! Combien ?
– Combien ? Je n'ai jamais
su combien j'en peux manger.
Douze d'abord, on verra après. »

Colette,
Claudine à Paris,
1902

ÉCREVISSES CLAUDINE

LE COUSIN RENAUD EST-IL AUSSI INNOCENT QU'IL Y PARAÎT ? QUAND SOUS LES TRAITS DE CLAUDINE SE CACHE SIDONIE GABRIELLE COLETTE (1873-1954) SOUS CEUX DE RENAUD ON RETROUVE SANS PEINE WILLY, FIGURE ESSENTIELLE DU TOUT-PARIS, JET-SETTEUR AVANT LA LETTRE, QUI PROVOQUA DE NOMBREUX SCANDALES !

POUR 4 PERSONNES
PRÉPARATION 20 MINUTES
CUISSON 30 MINUTES

12 écrevisses
1 carotte
1 oignon
1 branche de céleri
50 g de beurre
50 cl de vin blanc sec
1 bouquet garni
20 g de persil
1/2 c. à café d'agar-agar (facultatif)
Sel, poivre en grains

1. Épluchez l'oignon et la carotte, puis émincez l'oignon ainsi que le céleri et coupez la carotte en petits cubes. Dans une grande casserole, faites fondre le beurre, et laissez revenir l'oignon et la carotte sans les faire roussir.
2. Ajoutez le vin blanc et 50 cl d'eau, salez, poivrez (une dizaine de grains), ajoutez le céleri, le bouquet garni et le persil.
3. Portez le bouillon à ébullition, puis plongez-y les écrevisses 7 à 10 minutes selon leur taille. Retirez-les ensuite du feu avec une écumoire.
4. Pour les accompagner, vous pouvez confectionner une petite timbale de gelée avec le bouillon : retirez le bouquet garni, ciselez le persil, puis ajoutez l'agar-agar et mélangez au fouet.
5. Versez le bouillon et ses légumes dans de petites coupes, mettez-les au frais jusqu'au moment de servir et démoulez-les sur les assiettes. Disposez les écrevisses en buisson.

« – Oh, dit Strether. Vous n'imaginez pas tout ce que j'ai à vous raconter !
Et le ton sur lequel il prononça ces mots invitait discrètement Waymarsh à l'aider à savourer son propre récit.
Il attendit le poisson, but une gorgée de vin, essuya sa longue moustache, se renversa sur son siège, dégusta le spectacle des deux dames anglaises qui venaient de passer dans un crissement de chaussures près de leur table et qu'il eût même expressément saluées, si elles n'avaient plutôt refroidi l'ardeur de son élan ; si bien qu'il n'eut d'autre recours – puisqu'il en fallait un – que de dire très fort "Merci François !" lorsqu'on lui servit son poisson. »

Henry James,
Les Ambassadeurs,
1903

LOTTE SAFRANÉE DES AMBASSADEURS

LA FASCINATION QU'EXERCE SUR LES ÉTRANGERS LA VILLE LUMIÈRE VA SE NICHER JUSQUE DANS LEURS ASSIETTES... PRÉOCCUPÉ DANS SES ŒUVRES DE DÉCRYPTER LES SENTIMENTS HUMAINS, HENRY JAMES (1843-1916), LE PLUS ANGLAIS DES ÉCRIVAINS AMÉRICAINS, NE PERD PAS UNE OCCASION DE PLACER À TABLE DES SCÈNES PRIMORDIALES.

POUR 6 PERSONNES
PRÉPARATION 35 MINUTES
CUISSON 35 MINUTES

1 kg de lotte
3 carottes
200 g de champignons
2 échalotes
25 cl de vin blanc sec
50 g de beurre
20 cl de crème épaisse
1 c. à café de filaments de safran
Sel, poivre

1. Demandez à votre poissonnier de débiter la lotte en gros cubes. Dans une grande cocotte, mettez le beurre à fondre, puis faites dorer les morceaux de poisson sur chaque face, 5 minutes environ. Réservez-les ensuite sur une assiette.
2. Épluchez et émincez finement les échalotes, les carottes et les champignons. Faites-les revenir dans le beurre qui a servi pour le poisson, 5 minutes à feu moyen, en remuant soigneusement. Salez, poivrez. Ajoutez le vin blanc, baissez le feu, couvrez et laissez mijoter 10 minutes.
3. Au bout de ce temps, ajoutez les morceaux de poisson, puis laissez cuire à feu doux 15 minutes environ.
4. Peu de temps avant de servir, retirez les morceaux de lotte de la cocotte avec une écumoire, et ajoutez la crème ainsi que le safran à la sauce. Remuez, puis remettez le poisson dans la cocotte et ne faites plus bouillir, même à petit feu.

Servez avec du riz sauvage, des blettes ou de la purée de pommes de terre.

MILLE-FEUILLES

ENFERMÉ DANS UN PENSIONNAT DE PROVINCE, LE JEUNE JACQUES REDÉCOUVRE LA CAPITALE AVEC ÉMOTION, ET C'EST TOUT NATURELLEMENT QUE SA PREMIÈRE VISITE A POUR DESTINATION UN PÂTISSIER. CAR DANS LA SAGA DES THIBAULT, CONTÉE PAR ROGER MARTIN DU GARD (1881-1958), GASTRONOMIE ET TOURNANTS DRAMATIQUES VONT SOUVENT DE PAIR...

POUR 4 MILLE-FEUILLES

PRÉPARATION 45 MINUTES

CUISSON 30 MINUTES

Pour la pâte feuilletée
300 g de farine
200 g de beurre
Sel

Pour la crème pâtissière
50 cl de lait
2 jaunes d'œufs
50 g de sucre en poudre
30 g de farine
1 gousse de vanille
Sucre glace

1. Préparez la pâte feuilletée. Coupez le beurre en petits morceaux et faites-le ramollir, mais pas fondre. Dans une terrine, mélangez la farine, 15 cl d'eau et une pincée de sel, et formez une boule.
2. Étalez la pâte avec un rouleau à pâtisserie en formant un carré, puis posez au milieu les petits morceaux de beurre. Repliez les quatre coins pour enfermer le beurre, et écrasez-le à l'aide du rouleau. Étalez à nouveau la pâte en forme de rectangle, et pliez celui-ci en trois, en portefeuille. Faites pivoter la pâte d'un quart de tour, étalez-la à nouveau, repliez-la en trois de nouveau et ainsi six fois de suite. Étalez la pâte et découpez 12 rectangles réguliers de 10 cm sur 5.
3. Préchauffez le four à 180 °C (th. 6). Posez une feuille de papier sulfurisé sur une plaque à pâtisserie, disposez les rectangles de pâte, puis une deuxième feuille de papier, et posez sur la pâte des moules à gâteaux pour exercer un poids. Enfournez 10 minutes.
4. Pendant ce temps, préparez la crème pâtissière : portez le lait à ébullition, puis ajoutez la moitié du sucre et mélangez. Fendez en deux la gousse de vanille, raclez les grains et ajoutez-les dans le lait, ainsi que la gousse. Fouettez le reste du sucre avec les jaunes d'œufs, jusqu'à ce que le mélange blanchisse. Ajoutez la farine et mélangez bien. Versez le lait bouillant sur le mélange tout en remuant au fouet, puis remettez le tout sur le feu sans cesser de battre, jusqu'à ce que la crème épaississe. Ôtez la gousse de vanille et laissez refroidir.
5. Sortez les rectangles de pâte du four, laissez-les refroidir sur une grille et montez les mille-feuilles en alternant pâte et crème. Saupoudrez le dernier rectangle de sucre glace.

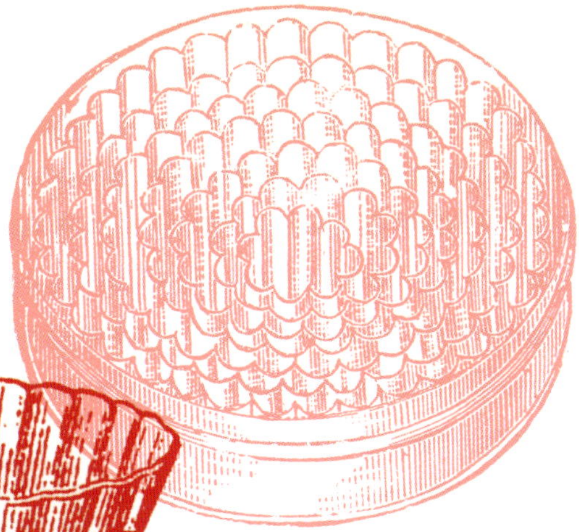

« Ils rentrèrent en ville. Les rues, pleines de monde, bourdonnaient comme des ruches. Les pâtisseries étaient prises d'assaut. Jacques, arrêté sur le trottoir, s'immobilisait devant les cinq étages de gâteaux vernissés de sucre, bavant de crème ; cette vue semblait l'étouffer.
– Eh bien, entre ! fit Antoine en souriant.
Les deux mains de Jacques tremblaient en prenant l'assiette qu'Antoine lui tendit. Ils s'installèrent au fond de la boutique, devant une pyramide de gâteaux choisis. Des bouffées de vanille, de pâte chaude, venaient d'une porte de service entrouverte. Jacques, sans un mot, tassé sur sa chaise, mangeait vite, s'arrêtant après chaque gâteau, attendant qu'Antoine le servît, et aussitôt se remettant à manger. »

Roger Martin du Gard,
Les Thibault,
1920-1923

PARIS-BREST DE LA REINE DU CRIME

QUI SAIT QUE LA PLUS *BRITISH* DES REINES DU CRIME FIT DURANT PLUSIEURS MOIS DES ÉTUDES À PARIS, ÉCUMANT LES SOIRÉES MONDAINES EN COMPAGNIE DE JEUNES FILLES DU MEILLEUR MONDE, SE RÉGALANT CHEZ LE PLUS FAMEUX PÂTISSIER PARISIEN, DONT L'ÉTABLISSEMENT, FONDÉ EN 1903, OCCUPAIT 20 MÈTRES DE VITRINE AU 226, RUE DE RIVOLI ? ELLE ENVISAGEA MÊME DE S'Y INSTALLER ET D'Y DEVENIR CANTATRICE....

POUR 6 PERSONNES

PRÉPARATION 45 MINUTES

CUISSON 30 MINUTES

Pour la pâte à choux

4 œufs
20 cl de lait
100 g de beurre
+ 1 noix pour la plaque
150 g de farine
1 c. à soupe de sucre
Sucre glace

Pour la crème

25 cl de lait
2 jaunes d'œufs
50 g de sucre
50 g de pralin

1. Préchauffez le four à 180 °C (th. 6). Préparez la pâte à choux : dans une casserole, portez à ébullition 20 cl d'eau, le lait, le beurre et le sucre en mélangeant bien avec un fouet.
2. Dès que le mélange bout, retirez la casserole du feu, versez la farine en une fois sans cesser de tourner, puis incorporez les œufs un à un en pétrissant. La pâte doit finalement ressembler à de la pâte à modeler très souple !
3. Beurrez une plaque à pâtisserie. Avec une poche à douille (ou avec une cuillère), formez un cercle de 20 cm de diamètre. Rayez la pâte avec une fourchette. Enfournez 15 minutes.
4. Pendant ce temps, préparez la crème : portez le lait à ébullition dans une casserole. Dans une terrine, fouettez les jaunes d'œufs avec le sucre jusqu'à ce qu'ils blanchissent, puis ajoutez le lait bouillant petit à petit en continuant de fouetter. Versez la préparation dans la casserole et faites cuire à feu très doux en tournant à la cuillère en bois jusqu'à ce que la crème épaississe. Ajoutez le pralin, remuez au fouet, puis réservez.
5. Sortez la couronne de pâte à chou du four et coupez-la en deux dans la hauteur. Laissez refroidir et mettez la crème dans une poche à douille cannelée, puis disposez-la sur la moitié inférieure du paris-brest. Refermez avec le couvercle, saupoudrez de sucre glace et laissez refroidir.

« Ce fut vraiment une époque heureuse. Parfois, après une visite au Louvre, on nous emmenait prendre le thé chez Rumpelmayer. Pour une petite gourmande, rien n'égalait dans la vie le délice d'aller prendre le thé chez Rumpelmayer. Ce que je préférais, c'était ces gâteaux à la crème marron faits à la douille et écœurants à souhait. On nous faisait aussi, bien sûr, faire des promenades au Bois – un endroit fascinant. »

Agatha Christie,
Une Autobiographie,
1977

« – Veux-tu payer une bavaroise, me dit-elle, j'ai la poitrine fatiguée, cela me fera du bien. Je ne pouvais m'y refuser. Je la conduisis au café d'Alexandre, ne me souciant pas de me donner en spectacle avec elle à celui de Cauffin [...] Après la bavaroise, qu'elle prit avec un pain, elle demanda du café : elle y versa un peu de lait, pour l'adoucir, et je l'imitai, n'ayant rien pris d'abord. Le vin et le café produisent sur certaines gens un effet avantageux ; c'est-à-dire que plus ces liqueurs agissent, plus ils deviennent bons, gais et tendres. »

Nicolas Edme Restif de la Bretonne, *Les Nuits de Paris,* 1788-1794

BAVAROISE

AGITATEUR POLITIQUE, PROBABLE INDICATEUR DE LA POLICE PARISIENNE, ÉCRIVAIN PORNOGRAPHE, IMPRIMEUR, POÈTE ET DRAMATURGE, LE SULFUREUX NICOLAS EDME RESTIF DE LA BRETONNE (1734-1806) EUT UNE VIE TUMULTUEUSE ET CONSACRA UNE GRANDE PARTIE DE SON ŒUVRE À DÉFENDRE LA CAUSE DES FEMMES.

POUR 6 PERSONNES
PRÉPARATION 30 MINUTES
CUISSON 10 MINUTES, LA VEILLE

75 cl de lait
6 jaunes d'œufs
150 g de sucre
1 c. à café de thé noir
1 c. à café d'agar-agar
50 cl de crème double

1. Dans une casserole, versez le lait, ajoutez le thé et faites bouillir le mélange quelques minutes. Puis passez le lait au chinois et remettez-le dans la casserole.
2. Dans une terrine, fouettez les jaunes d'œufs et le sucre, jusqu'à ce que le mélange blanchisse.
3. Versez alors le lait progressivement sans cesser de fouetter, remettez le tout dans la casserole, ajoutez l'agar-agar et portez à ébullition 1 minute. Réservez hors du feu.
4. Versez la crème double dans une terrine, fouettez-la jusqu'à ce qu'elle soit bien ferme.
5. Ajoutez la première crème à la seconde, puis versez dans des ramequins individuels, ou dans une coupe transparente. Réservez au frais jusqu'au lendemain.

« Oui, mon cher bon Louis, causons, quand nous pourrons, aussi souvent que nous pourrons. Ta lettre de ce matin est la bienvenue. Mais j'ai passé hier une abominable journée. Je suis sorti, j'ai erré pendant deux heures sur les boulevards des Italiens et des Capucines. À huit heures et demie, je commençais à sentir la faim ; je suis entré au café Cardinal pour y manger quelque chose, et je me suis aussitôt entendu appeler et j'ai vu un gai visage me sourire ; c'était Balfe, le compositeur irlandais qui arrivait de Londres, et qui m'a engagé à dîner avec lui. »

Hector Berlioz,
Lettre à Louis Berlioz,
11 juillet 1865

SOUFFLÉ CARDINAL

ÉTERNEL COLÉREUX, MÉGALOMANE ET INSATISFAIT, LE GÉNIAL HECTOR BERLIOZ (1803-1869) SE FORMALISAIT D'UN RIEN ET SE CONTRARIAIT DE TOUT. SES SEULS REMÈDES À LA COLÈRE : MARCHER ET MANGER, À PARIS COMME À LONDRES, NICE OU ROME. ET SEUL SON FRÈRE LOUIS TROUVE GRÂCE À SES YEUX...

POUR 4 PERSONNES
PRÉPARATION 25 MINUTES
CUISSON 40 MINUTES

1 orange non traitée
3 œufs
20 cl de lait
50 g de sucre en poudre + 1 c. à soupe pour dorer
50 g de tapioca
1 c. à soupe de liqueur d'orange (Bénédictine, par exemple)
1 noix de beurre pour le moule
Sucre glace
Sel

1. Râpez le zeste et pressez l'orange. Dans une petite casserole, mélangez le sucre, le jus d'orange et le zeste, le tapioca, une pincée de sel et le lait. Ajoutez la liqueur d'orange. Portez doucement à ébullition sans cesser de remuer. Retirez du feu et laissez un peu refroidir.
2. Préchauffez le four à 180 °C (th. 6). Cassez les œufs en séparant les blancs des jaunes. Battez les blancs en neige très ferme avec une pincée de sel. Ajoutez dans la préparation les jaunes d'œufs, puis les blancs battus en les soulevant délicatement pour ne pas les briser.
3. Beurrez un moule à bords hauts. Versez-y la préparation et saupoudrez-la de sucre en poudre. Lissez la surface et enfournez 35 minutes.
4. Lorsque le soufflé est monté, saupoudrez-le de sucre glace et repassez-le 4 à 5 minutes sous le gril pour le caraméliser. Servez aussitôt.

59
30

« Un soir, comme il avait accompagné au théâtre deux jeunes femmes de ses amies, escortées d'ailleurs de leurs époux, il leur offrit, après le spectacle, de prendre une glace chez Tortoni. Ils étaient entrés depuis quelques minutes, quand il s'aperçut qu'un monsieur assis à une table voisine regardait avec obstination une de ses voisines. »

Guy de Maupassant,
Contes et nouvelles,
« Un lâche »,
1884

COUPE TORTONI

Établissement mythique situé à l'angle de la rue Taitbout et du boulevard des Italiens, le glacier Tortoni vit défiler devant sa porte toutes les calèches des élégantes, qui se faisaient parfois servir sans descendre de voiture ! Être vu chez Tortoni faisait de vous une personne de goût... et Guy de Maupassant (1850-1893) ne dérogea pas à cette tradition.

POUR 4 COUPES
PRÉPARATION 30 MINUTES
AVEC UNE SORBETIÈRE,
OU 40 MINUTES AU CONGÉLATEUR
LA VEILLE

1,5 kg de fraises
+ 4 fraises pour décorer
25 cl de sirop de sucre en bouteille
4 yaourts au lait entier
15 cl de crème liquide
4 c. à soupe de sucre glace

1. La veille, mixez les fraises et le sirop pour les transformer en crème lisse.
2. Incorporez progressivement les yaourts et la crème liquide, sans cesser de mixer.
3. Versez la préparation dans un bac et placez-la au congélateur. Au bout de 3 heures, mélangez la glace avec une fourchette, et remettez-la au congélateur. Répétez la même opération 3 heures plus tard. Laissez prendre jusqu'au lendemain.
4. Formez les boules de glace, ajoutez une fraise dans chaque coupe et saupoudrez de sucre glace.

GÂTEAU MARIE-LOUISE

Cigare aux lèvres, habillée d'un costume masculin, Aurore Dupin, alias George Sand (1804-1876), se distingua par une liberté de ton et de style, et fut la seule femme, au milieu d'une assemblée masculine, à participer aux dîners Magny, qui réunirent les plus prestigieux écrivains de la vie littéraire parisienne.

POUR 8 PERSONNES
PRÉPARATION 30 MINUTES
CUISSON 1 HEURE

4 œufs
75 cl de lait
100 g de farine
100 g de beurre + 1 noix pour le moule
100 g de sucre vanillé
5 morceaux de sucre
2 c. à soupe de cognac (facultatif)
Sel

1. Dans une casserole, faites fondre le beurre, ajoutez la farine et mélangez au fouet. Sans ôter la casserole du feu, versez progressivement le lait, en remuant sans cesse, puis le sucre vanillé, et portez à petite ébullition quelques minutes. Réservez hors du feu.
2. Beurrez un moule à savarin. Dans une petite casserole, laissez fondre les morceaux de sucre avec 15 cl d'eau. Faites chauffer et dès que le mélange blondit, ôtez ce caramel du feu et versez-le dans le moule, en le répartissant bien sur l'ensemble de la surface.
3. Préchauffez le four à 180 °C (th. 6). Cassez les œufs en séparant les jaunes des blancs et ajoutez les jaunes dans la casserole. Remuez au fouet.
4. Mettez les blancs dans une terrine, battez-les en neige ferme, avec une pincée de sel, puis incorporez-les délicatement au reste de la préparation. Terminez par le cognac, un zeste de citron ou d'orange. Versez la pâte dans le moule, placez celui-ci dans un bain-marie et enfournez 1 heure. Démoulez avant de servir.

« J'ai dîné aujourd'hui pour la première fois chez *Magny* avec mes petits camarades, le dîner mensuel fondé par Sainte-Beuve. Il y avait Gautier, [le critique] Saint-Victor, Flaubert et son très grand ami Bouilhet, Sainte-Beuve, Berthelot, le fameux chimiste et les Goncourt. Taine et Renan n'y étaient pas, nous n'étions que douze. J'ai été reçue à bras ouverts. Il y a trois ans qu'on m'invite. Je me suis décidée aujourd'hui à y aller seule, ce qui tranche la question. Je ne voulais être amenée par personne. Ils ont tous beaucoup d'esprit, mais du paradoxe et de l'amour-propre excepté Berthelot et Flaubert qui ne parlent pas d'eux-mêmes. »

George Sand,
Lettre à Maurice Sand,
12 février 1866

« Comme l'on mange à Paris ! La meilleure chère ailleurs ne vaut pas un dîner de Méot, chaud, prompt, bien fait : on choisit ses mets sur une liste de cent plats ; liste imprimée avec l'ordonnance la plus soignée ; beau salon doré, sculpté, théâtral ; pyramide de beaux fruits ; odeur succulente qui se répand à la ronde et qui vous donnerait de l'appétit si vous n'en aviez pas. Au grand bureau, deux dames de bel aspect président à la police et plus encore à la recette. »

Louis-Sébastien Mercier,
Le Nouveau Paris,
1800

POIRES POCHÉES MÉOT

Observateur assidu de la vie parisienne et de la vie politique, Louis-Sébastien Mercier (1740-1814) eut la chance d'échapper à Louis XV, qui n'aimait pas ses poèmes anonymes, à la guillotine sous la Révolution, et préféra plus tard se consacrer à des travaux bien moins dangereux.

POUR 6 PERSONNES
PRÉPARATION 5 MINUTES LA VEILLE, 15 MINUTES LE JOUR MÊME
CUISSON 1 HEURE 15

12 poires (de la variété Martin sec, de préférence)
1 litre de vin rouge
150 g de sucre
1 gousse de vanille

1. La veille, ouvrez la gousse de vanille et glissez-la dans la bouteille de vin. Rebouchez et réservez à température ambiante jusqu'au lendemain.
2. Le jour même, épluchez les poires sans les couper. Versez le vin dans une cocotte à fond épais, ajoutez la moitié du sucre, puis faites chauffer jusqu'à ébullition en mélangeant au fouet.
3. Lorsque le vin bouillonne, plongez les poires dans la cocotte et faites-les cuire à feu très doux 45 minutes environ.
4. Égouttez les poires et réservez la moitié du vin pour un usage ultérieur. Faites dissoudre le reste du sucre dans la casserole avec le vin et laissez épaissir le sirop sur feu doux, jusqu'à ce qu'il nappe la cuillère, 15 minutes environ. Prenez garde qu'il n'accroche pas, en remuant fréquemment.
5. Lorsque le sirop est pris, versez-le dans une coupe, ajoutez les poires et laissez refroidir jusqu'au moment de servir.

Le Grand Véfour, jadis Café de Chartres, tient depuis 1781 le haut du Palais-Royal. Les Révolutionnaires y ont débattu sur les banquettes, Victor Hugo venait y déguster un de ses plats favoris, Raymond Oliver y inventa les émissions de cuisine télévisées ! Alexandre Dumas, dans « Les Mohicans de Paris », en fit l'endroit parisien idéal où dîner : « Et où dînerons-nous, à Paris ?
— Chez Véfour, pardieu !
— Chez Véfour ! Oh ! quel bonheur ! s'écria la jeune fille en faisant claquer ses doigts de contentement ; il y a si longtemps que j'entends parler de Véfour (...) ». Sacha Guitry ou Louis Aragon étaient des habitués de ce restaurant parisien emblématique, classé monument historique et étoilé sous la direction de Guy Martin.

CHAPITRE III

Réceptions et grands dîners

Réceptions et grands dîners

L'histoire littéraire de Paris est jalonnée de dîners mémorables, de soupers qui ne le sont pas moins, et les menus donnent libre cours à une alliance exubérante de mets et de mots. Ainsi servit-on chez Alexandre Dumas, le 19 janvier 1864, un dîner de trente-deux couverts qui comportait notamment des Petites bouchées à la Cancale, des Caisses à la marquise, des Poulardes à la Roziolo, des Faisans truffés sauce Périgueux et autres délices parfois disparues dans les limbes de l'histoire gastronomique... Alexandre Dumas, dont on connaît la passion pour la gastronomie, mettait d'ailleurs lui-même la main à la pâte : « J'ai dîné hier chez les Joubert, des gens riches, amis des Dumas et de Marchal. C'est le père Dumas qui a fait la cuisine, tout le dîner ; dix plats énormes, exquis ; douze couverts. On avait renvoyé les cuisiniers de la maison pour ce jour-là, afin de le laisser fonctionner sans contrôle, sans trahison et sans difficulté. Il est venu à trois heures de l'après-midi avec sa vieille bonne, et, en réalité, sans blague, il nous a fait manger comme ne mangent pas les empereurs », écrit George Sand à son fils Maurice, en 1866.

Écrivains et artistes en vue se doivent de paraître aux meilleures tables, et les grands repas sont propices aux scènes romanesques dramatiques. Paris est à cet égard une mine de lieux mythiques : *Ritz* qu'affectionne Ernest Hemingway, *Lapérouse* fréquenté par Charles Baudelaire ou Eugène Delacroix, ou encore *Ledoyen* mis en scène par Guy de Maupassant dans *Fort comme la mort* : « Soudain, la comtesse demanda : "Quelle heure est-il ? – Midi et demi. – Oh ! Allons vite déjeuner. La duchesse doit nous attendre chez *Ledoyen*, où elle m'a chargée de vous amener, si nous ne la retrouvions pas dans les salles." Le restaurant, au milieu d'un îlot d'arbres et d'arbustes, avait l'air d'une ruche trop pleine et vibrante. Un bourdonnement confus de voix d'appels, de cliquetis de verres et d'assiettes voltigeait autour, en sortait par toutes les fenêtres et toutes les portes grandes ouvertes. Les tables, pressées, entourées de gens en train de manger, étaient répandues par longues files dans les chemins voisins, à droite et à gauche du passage étroit où les garçons couraient, assourdis, affolés, tenant à bout de bras des plateaux chargés de viande, de poissons ou de fruits. »

Alphonse de Lamartine, Jean-Paul Sartre et André Malraux fréquentent le *Grand Véfour*, George Sand, Victor Hugo, Guy de Maupassant, Gustave Flaubert dînent chez *Lapérouse*, Mme de Sévigné déguste son chocolat à *La Tour d'Argent*, le restaurant *Maxim's* voit défiler auteurs dramatiques, romanciers et gens du spectacle.

Parmi les dîners les plus illustres vécus par la capitale, celui du 4 juin 1867 reste dans les mémoires d'écrivains. À l'occasion de l'Exposition universelle, le roi de Prusse, Guillaume Ier, a invité à dîner le tsar Alexandre II et le prince de Bismarck. Ce « dîner des Trois Empereurs », confectionné par Adolphe Dugléré, chef renommé du *Café Anglais*, voit défiler Soufflés à la reine, Filets de sole à la vénitienne,

Escalopes de turbot au gratin et une pléiade de vins prestigieux : madère retour des Indes 1846, xérès 1821, château-yquem 1847, chambertin 1846, château-margaux 1847, château-latour 1847, château-lafite 1848, champagne Roederer frappé…

Tout aussi renommé, le banquet des maires de France dans le jardin des Tuileries, en 1889, vit la célèbre maison *Potel et Chabot*, fondée en 1820 par le maître pâtissier Jean-François Potel et Étienne Chabot, cuisinier réputé de la cour de France, réussir un exploit, celui de servir en même temps 25 000 personnes ! Potage à la parisienne, Galantine de poulardes truffées, Petits soufflés glacés et babas au rhum, parmi d'autres plats, régalent les édiles…

Au temps des rois, le repas de ces majestés était le spectacle auquel un courtisan digne de ce nom ne pouvait manquer d'assister. Mme Campan, première femme de chambre de Marie-Antoinette, écrit dans ses *Mémoires* : « Chaque ménage de la famille royale avait tous les jours son dîner public. Les huissiers laissaient entrer tous les gens proprement mis. Ce spectacle faisait le bonheur des provinciaux. À l'heure des dîners, on ne rencontrait dans les escaliers que de braves gens qui, après avoir vu la dauphine manger sa soupe, allaient voir les princes manger leur bouilli et qui couraient ensuite, à perte d'haleine, pour aller voir Mesdames manger leur dessert. »

Lorsque l'Empire vint, tout nous fut dit ou presque sur les goûts et les dégoûts de Napoléon Ier, par l'intermédiaire de son premier valet de chambre, Louis Constant Wairy : « Le plat que l'empereur aimait le plus était cette espèce de fricassée de poulet à laquelle cette préférence du vainqueur de l'Italie fit donner le nom de poulet à la Marengo ; il mangeait aussi volontiers des haricots, des lentilles, des côtelettes, une poitrine de mouton grillée, un poulet rôti. Les mets les plus simples étaient ceux qu'il aimait le mieux ; mais il était difficile sur la qualité du pain. Il n'est pas vrai que l'empereur fit, comme on l'a dit, un usage immodéré du café. Il n'en prenait qu'une demi-tasse après son déjeuner et une autre après son dîner. »

Dès 1906, cuisiniers et gens de lettres sont associés dans un livre dédié aux plaisirs de la table et des mots. Dans *La Cuisine française : l'art du bien manger,* Edmond Richardin interroge les écrivains sur leurs recettes préférées, et leur associe de grands restaurants. Julien, maître d'hôtel du *Lapérouse*, se voit demander des recettes exclusives pour un ouvrage de cuisine à la mode. Il y dévoile les recettes du Ris de veau Melba, créé en hommage à la grande cantatrice, de la Sauce au lièvre de Saintonge, ou encore des Œufs pochés maison, à la sauce mousseline sur purée de champignons… tandis que Joris-Karl Huysmans y fait l'éloge des rillettes !

Aujourd'hui encore, de grands dîners rassemblent les amoureux des lettres : Les Gourmets littéraires, Club des dîners littéraires, Plumes et saveurs, Mille et une feuilles, autant d'initiatives qui pérennisent la légende de l'écrivain gourmand de mots et de mets…

PÂTÉ DE VOLAILLE EN CROÛTE

SI CERTAINES « FILLES DE MAUVAISE VIE » ONT EU UN DESTIN TRAGIQUE, COMME NANA, D'AUTRES ONT PRÉFÉRÉ SE RANGER, COMME CELLE DONT PARLE HENRY CÉARD (1851-1924), QUI SOUS LA COMMUNE DE PARIS DEVINT PRESQUE UNE HÉROÏNE TOUT EN SÉDUISANT UN COLONEL DE L'ARMÉE FRANÇAISE. SORTIR NUE D'UN PÂTÉ EN CROÛTE MÈNE À TOUT, MÊME À L'ESPIONNAGE...

POUR 6 PERSONNES

PRÉPARATION 35 MINUTES, LA VEILLE

CUISSON 2 HEURES, LA VEILLE

Pour la pâte

300 g de farine
150 g de beurre
2 jaunes d'œufs

Pour la garniture

300 g de blancs de volaille
200 g de lard frais
150 g de jambon fumé
50 g de beurre
2 œufs
2 oignons
1 c. à café de noix muscade râpée
1/2 verre de lait (7-8 cl)
Sel, poivre

1. Dans une terrine, versez la farine en pluie, puis une pincée de sel. Mélangez. Faites fondre le beurre, puis ajoutez-le à la farine, en remuant soigneusement. Incorporez 15 cl d'eau, puis les jaunes d'œufs. Malaxez jusqu'à ce que le mélange soit homogène, puis réservez.
2. Découpez le jambon en fines lamelles, ainsi que la moitié du lard. Faites revenir dans une poêle le jambon et le lard une dizaine de minutes à feu doux. Pendant ce temps, épluchez et hachez les oignons ; ajoutez-les dans la poêle, remuez et continuez la cuisson à feu doux jusqu'à ce que les oignons soient translucides. Poivrez.
3. Hachez au mixeur les blancs de volaille et le lard restant, puis incorporez les œufs. Ajoutez la noix muscade.
4. Beurrez un moule à terrine rectangulaire, puis partagez la pâte en deux boules inégales. Étalez le plus gros morceau de pâte au rouleau, disposez-le dans le moule en le laissant déborder sur les côtés. Étalez le second pâton pour confectionner le couvercle.
5. Préchauffez le four à 180 °C (th. 6). Garnissez le fond de la terrine d'une couche de farce de 1 cm d'épaisseur, puis d'une couche de jambon aux oignons. Recommencez dans cet ordre jusqu'à épuisement de la garniture.
6. Recouvrez du couvercle de pâte, tassez, soudez bien les bords. Avec un pinceau alimentaire, badigeonnez le couvercle de pâte avec le lait. Pratiquez une incision dans le couvercle et glissez-y un petit cylindre en papier sulfurisé en guise de cheminée.
7. Enfournez pendant 2 heures, puis laissez refroidir et mettez au réfrigérateur jusqu'au lendemain.

« Certaines de ses excentricités étaient demeurées célèbres : un soir, dans un souper, elle était sortie absolument nue d'un pâté colossal dont la croûte gigantesque s'arrondissait sur la table ; la première, elle avait pris ces bains de champagne qu'imitèrent depuis les cabotines en quête de fantaisie, à court d'imagination, et la démocratie ne lui avait jamais pardonné d'avoir, au théâtre, un soir de première représentation, pour mieux passer dans le premier rang des fauteuils de balcon, jeté effrontément son paquet empesé de jupons par-dessus la balustrade et d'avoir gagné sa place, marchant, devant les spectateurs, les jambes à l'air, les cuisses à nu. »

Henry Céard,
Les Soirées de Médan,
« La Saignée »,
1880

« Rastignac saisit Lucien et l'emmena chez lui, rue Taitbout, à deux pas de cette scène, qui avait lieu sur le boulevard de Gand, à l'heure du dîner. Cette circonstance évita les rassemblements d'usage en pareil cas. De Marsay vint chercher Lucien, que les deux dandies forcèrent à dîner joyeusement avec eux au café Anglais, où ils se grisèrent.
– Êtes-vous fort à l'épée ? lui dit de Marsay.
– Je n'en ai jamais manié.
– Au pistolet ? dit Rastignac.
– Je n'ai pas dans ma vie tiré un seul coup de pistolet. »

Honoré de Balzac,
Les Illusions perdues,
1837-1843

POTAGE GERMINY

EST-CE EN L'HONNEUR DE LA PROFESSION DE M. GERMINY, GOUVERNEUR DE LA BANQUE DE FRANCE, QUE FUT CRÉÉ CE POTAGE… À L'OSEILLE ? L'AMBITIEUX RASTIGNAC ET SES DEUX ACOLYTES LE DÉGUSTENT, DANS CE ROMAN D'HONORÉ DE BALZAC (1799-1850) QUI FAIT LA PART BELLE AUX GRANDS BOULEVARDS DE PARIS.

POUR 6 PERSONNES
PRÉPARATION 30 MINUTES
CUISSON 20 MINUTES

1 kg d'oseille
1 oignon
50 g de beurre
3 jaunes d'œufs
3 c. à soupe de crème fraîche
1 cube de bouillon de bœuf (ou 1 litre de bouillon pot-au-feu)
20 g de cerfeuil
6 tranches de pain de mie
Sel, poivre

1. Lavez l'oseille, essorez-la à la main et éliminez les queues. Lavez et ciselez le cerfeuil, épluchez et émincez l'oignon très finement.
2. Dans une cocotte, faites fondre le beurre, puis ajoutez l'oignon, ainsi que l'oseille. Faites revenir à feu très doux 10 minutes environ. Pendant ce temps, dans une autre casserole, préparez un bouillon de bœuf en mettant à bouillir 1 litre d'eau avec le cube de bouillon.
3. Lorsque l'oseille commence à fondre, au bout des 10 minutes, versez dessus le bouillon, puis laissez mijoter à feu très doux une dizaine de minutes.
4. Pendant ce temps, versez les jaunes d'œufs dans un bol, ajoutez la crème fraîche et mélangez au fouet. Salez, poivrez.
5. Si vous souhaitez un potage très lisse, mixez l'oseille au robot, mais la recette traditionnelle ne se mixe pas. Ajoutez le mélange crème-œufs dans la cocotte, puis baissez le feu (il ne faut plus d'ébullition à partir de ce moment-là). Remuez au fouet pour incorporer parfaitement la crème.
6. Faites griller les tranches de pain de mie, coupez-les en deux puis disposez deux moitiés dans chaque assiette. Saupoudrez de pluches de cerfeuil, puis versez la soupe dessus.

VELOUTÉ MUSCADE

Lorsque le plus célèbre des gentlemen cambrioleurs mène l'enquête, il n'entend pas se contenter d'un dîner sur le pouce. *Larue*, restaurant chic place de la Madeleine, vit défiler la fine fleur des écrivains, mais aussi des personnages littéraires : Fantômas comme Arsène Lupin y eurent leurs tables réservées, tandis qu'à *l'office*, le célèbre et bien réel cuisinier Édouard Nignon, qui avait acheté en 1908 l'élégant établissement, supervisait la confection de savoureux festins...

POUR 6 PERSONNES

PRÉPARATION 30 MINUTES

CUISSON 20 MINUTES

1 courge muscade de 2,5 kg environ
100 g de foie gras
20 cl de crème épaisse
50 g de beurre
2 oignons
1 c. à café de noix muscade râpée
1 c. à café de fleur de sel
Sel, poivre

1. Épluchez les oignons (sous l'eau, pour ne pas pleurer) et émincez-les finement. Dans une grande cocotte (ou un autocuiseur), faites fondre le beurre, ajoutez les oignons et faites-les revenir une dizaine de minutes à feu doux.
2. Épluchez la courge muscade et coupez-la en gros morceaux. Éliminez les graines, que vous pouvez garder et frire au beurre pour les servir à l'apéritif.
3. Ajoutez la courge muscade dans la cocotte, remuez, puis ajoutez 1,5 litre d'eau. Salez, poivrez. Faites cuire 20 minutes à feu moyen (10 minutes à l'autocuiseur).
4. Pendant ce temps, découpez des lamelles de foie gras en utilisant un couteau économe.
5. Mixez la courge, puis ajoutez la crème ainsi que la muscade.
6. Servez le velouté à l'assiette, parsemé de copeaux de foie gras surmontés de quelques grains de fleur de sel.

« “Mais Lupin a aussi des troupes ! Et il va les mobiliser ! Pas plus tard que tout de suite !” Il s’assit devant un précieux secrétaire de style anglais et rédigea cinq pneumatiques. Puis il sonna son valet de chambre. “Cours vite. C’est pressé.”
Il n’y avait plus qu’à attendre, comme s’il était capable d’attendre, lui qui avait du vif-argent dans les veines. Il alla au théâtre de la Porte-Saint-Martin, où l’on reprenait Chantecler. Il soupa ensuite chez Larue. »

Boileau-Narcejac,
La Poudrière,
1974

BOUCHÉES À LA REINE

Dandy décadent et romantique, Alfred de Musset (1810-1857) entretint une liaison passionnelle avec George Sand, écrivit ses mémoires à 42 ans et fut élu académicien. Grands dîners et séduction sont au menu des *Confessions d'un enfant du siècle*, étapes choisies dans une vie tumultueuse...

Pour 6 personnes

Préparation 30 minutes

Cuisson 30 minutes

(50 minutes si vous confectionnez les croûtes)

6 croûtes en pâte feuilletée
200 g d'escalope de veau
2 blancs de poulet
2 quenelles de veau
200 g de champignons
100 g de beurre
30 g de farine
20 cl de vin blanc
1 cube de bouillon de volaille
1 c. à café de noix muscade râpée
Sel, poivre

1. Commandez des croûtes à votre boulanger, ou bien préparez-les vous-même (recette de la pâte feuilletée, page 78). Pour chaque croûte, superposez trois ronds de pâte évidés de la même dimension sur un rond de pâte plein et enfournez-les 20 minutes à 180 °C (th. 6) sur une plaque à pâtisserie beurrée. Prévoyez quatre petits ronds de pâte supplémentaires, découpés en croissants qui serviront de couvercles.
2. Coupez en petits morceaux l'escalope de veau et le blanc de poulet, ainsi que les quenelles.
3. Dans une casserole, portez à ébullition 25 cl d'eau et le vin blanc, ajoutez le cube de bouillon de volaille et remuez. Faites cuire le veau et le poulet dans le bouillon durant 10 minutes, puis ajoutez les quenelles et continuez la cuisson 5 minutes. Salez, poivrez.
4. Lavez les champignons, ôtez leur pied sableux, émincez-les le plus finement possible. Dans une poêle, faites fondre 50 g de beurre, ajoutez les champignons et laissez-les réduire, 15 minutes environ.
5. Égouttez les viandes et les quenelles du bouillon avec une écumoire, réservez le bouillon.
6. Dans une petite casserole, faites fondre le reste de beurre, et ajoutez la farine en mélangeant au fouet. Incorporez progressivement 25 cl de bouillon sans enlever du feu et sans cesser de fouetter, jusqu'à ce que la sauce épaississe, 5 minutes environ. Ajoutez la muscade.
7. Transférez les viandes, les quenelles et les champignons dans la sauce, salez, poivrez et réservez au chaud. Faites réchauffer les croûtes au four préchauffé à 180 °C (th. 6), pendant 5 minutes, garnissez-les et servez aussitôt.

H. Gervex

« Le souper fut splendide, mais je ne fis qu'y assister. Je ne pouvais toucher à rien ; les lèvres me défaillaient.
– Qu'avez-vous donc ? me dit Marco.
Mais je restais comme une statue, et je la regardais de la tête aux pieds dans un muet étonnement.
Elle se mit à rire. Desgenais aussi, qui nous observait de loin. Devant elle était un grand verre de cristal taillé en forme de coupe, qui reflétait sur mille facettes étincelantes la lumière des lustres, et qui brillait comme le prisme des sept couleurs de l'arc-en-ciel. Elle étendit son bras nonchalant, et l'emplit jusqu'au bord d'un flot doré de vin de Chypre, de ce vin sucré d'Orient que j'ai trouvé si amer plus tard sur la grève déserte du Lido.
– Tenez, dit-elle en me le présentant, *per voi, bambino mio.* »

Alfred de Musset,
Confession d'un enfant du siècle,
1836

« À son arrivée, il avait dîné au cercle où il avait appris de Germain, le maître d'hôtel, des nouvelles intéressantes. On avait repeint la salle d'armes et mis un tapis neuf dans la salle de billard. Tous ces propos s'échangeaient, en dégustant le tournedos Rossini et le perdreau bardé sur canapé, le triomphe du chef.
– Mais, dites-moi, Germain, pour quelqu'un qui n'a qu'une journée à passer à Paris, où me conseillez-vous d'aller ? Pas de grand art, pas de tragédie, pas de théâtre Antoine. Un endroit gai, où je puisse digérer agréablement mon dîner, en regardant des tableaux agréables, des pas gracieux et des femmes suaves. »

Richard O'Monroy,
Tout en rose,
1902

TOURNEDOS ROSSINI

JOURNALISTE AU CÉLÈBRE *GIL BLAS*, AINSI QU'À *LA VIE PARISIENNE*, JOURNAL DE RÉFÉRENCE DES ÉLÉGANTS, RICHARD DE L'ISLE DE FALCON DE SAINT-GENIÈS, ALIAS O'MONROY (1849-1916), FUT L'AUTEUR DE PRÈS DE CINQUANTE ROMANS ET NOUVELLES, TOUS AYANT POUR CADRE LA VIE PARISIENNE.

POUR 4 PERSONNES
PRÉPARATION 25 MINUTES
CUISSON 30 MINUTES

4 tournedos
4 tranches de foie gras d'oie ou de canard
100 g de beurre
250 g de girolles
150 g de carottes
4 tranches de pain de campagne
15 cl de madère
Fleur de sel
Sel, poivre

1. Préparez la garniture : épluchez les carottes, coupez-les en bâtonnets de 4 cm de long environ ; nettoyez les girolles. Faites fondre 50 g de beurre dans une casserole, ajoutez les carottes et mélangez bien. Ajoutez 15 cl d'eau, salez, poivrez, puis laissez cuire 15 minutes.
2. Pendant ce temps, découpez les tranches de pain au format de la viande en enlevant la croûte. Poêlez les tranches de foie gras, puis retirez-les du feu. Réservez-les entre deux feuilles d'aluminium ménager.
3. Ajoutez les girolles dans la casserole des carottes, salez, poivrez. Remuez, couvrez et laissez cuire 5 minutes.
4. Dans la poêle qui a servi pour le foie gras, faites fondre le reste de beurre, puis saisissez les tournedos 3 ou 4 minutes de chaque côté, selon la cuisson désirée. Réservez au chaud.
5. Déposez une tranche de pain au fond de chaque assiette, posez un tournedos par-dessus et surmontez le tout d'une tranche de foie gras. Répartissez les légumes autour de la viande, nappez-les de sauce au madère, déposez une pincée de fleur de sel sur le foie gras et servez sans attendre.

« Colin poussa la porte émaillée de la cuisine. Le cuisinier Nicolas surveillait son tableau de bord. Il était assis devant un pupitre également émaillé de jaune clair et qui portait des cadrans correspondant aux divers appareils culinaires alignés le long des murs. L'aiguille du four électrique, réglé pour la dinde rôtie, oscillait entre "presque" et "à point". Il allait être temps de la retirer. Nicolas pressa un bouton vert, ce qui déclenchait le palpeur sensitif. Celui-ci pénétra sans rencontrer de résistance, et l'aiguille atteignit "à point", à ce moment. D'un geste rapide, Nicolas coupa le courant du four et mit en marche le chauffe-assiette. »

Boris Vian,
L'Écume des jours,
1947

DINDE AU JAZZ DE SAINT-GERMAIN

SAINT-GERMAIN-DES-PRÉS, SES BOÎTES DE JAZZ, SES MUSICIENS, GRÉCO, MOULOUDJI ET UN JEUNE INGÉNIEUR SORTI DE L'ÉCOLE CENTRALE, ORIGINAIRE DE VILLE-D'AVRAY ET FÉRU DE ROMANS NOIRS AMÉRICAINS : BORIS VIAN (1920-1959). L'HOMME QUI VOULUT JOUER DE LA TROMPETTE JUSQU'À SON DERNIER SOUFFLE, AMOUREUX DE LA VIE ET DES BONNES CHOSES, AIME AUSSI QUE SES PERSONNAGES SE RÉGALENT, QUAND BIEN MÊME LE FOURNEAU AURAIT UNE CURIEUSE ALLURE !

POUR 8 PERSONNES
PRÉPARATION 5 MINUTES
LA VEILLE, 30 MINUTES
LE JOUR MÊME
CUISSON 2 HEURES 30

1 dinde de 3 kg environ
4 abricots secs
1 tranche épaisse de jambon fumé (200 g)
20 cl de lait
50 g de beurre
20 g de pignons
20 g de persil
3 tranches de pain de mie
Sel, poivre

1. La veille, mettez les abricots à tremper dans le lait.
2. Le jour même, préchauffez le four à 240 °C (th. 8). Sortez les abricots du lait et mettez à tremper le pain de mie. Émincez finement le jambon, lavez et essorez le persil. Mixez les pignons, le persil et les abricots, ainsi que le pain de mie, puis mélangez au jambon. Salez, poivrez.
3. Farcissez la dinde de ce mélange, puis faites fondre le beurre et badigeonnez-en généreusement la volaille.
4. Enfournez pour 2 heures 30 ; de temps en temps récupérez le jus de cuisson et arrosez-en la dinde.
5. Servez avec des pommes de terre Ratte, de la purée de marrons, de carottes et de céleri, et faites-en votre plat de Noël sur un air de jazz !

FILET D'ESPADON AU CITRON CONFIT

Dandy britannique amoureux de la France (où il finit par s'installer), comme Coco Chanel, Ernest Hemingway ou Jean-Paul Sartre, Somerset Maugham (1874-1965) prenait souvent ses quartiers au Ritz, fondé en 1898 par César Ritz. Ce n'est donc pas un hasard si son héros, pour fêter les retrouvailles avec ses amis et le mariage prochain de l'un d'eux, les invite à déjeuner dans ce fabuleux écrin.

POUR 4 PERSONNES
PRÉPARATION 30 MINUTES
CUISSON 35 MINUTES

4 darnes d'espadon
50 g de beurre
20 cl de crème fraîche
2 cœurs de laitue
100 g d'oseille
1 carotte
1 oignon
1 citron confit
Sel, poivre

1. Épluchez l'oignon et la carotte, puis émincez-les finement. Dans une sauteuse, faites fondre le beurre, puis mettez à revenir l'oignon et la carotte à feu doux une dizaine de minutes. Salez, poivrez.
2. Lavez les cœurs de laitue et l'oseille. Coupez en deux les cœurs de laitue dans le sens de la longueur, puis disposez-les avec l'oseille dans la sauteuse, couvrez et faites cuire 5 minutes, afin de laisser les feuilles croquantes. Au bout de ce temps, sortez-les de la sauteuse avec une écumoire et réservez-les au chaud.
3. Posez dans la sauteuse les darnes d'espadon, couvrez et faites cuire 15 minutes en les retournant avec précaution à mi-cuisson.
4. Émincez le citron confit. Dans une petite casserole, versez la crème, faites chauffer, puis ajoutez les citrons et mélangez bien.
5. Servez à l'assiette la darne d'espadon nappée de sauce au citron, accompagnée de ses deux verdures.

« – Je viens d'arriver à Paris, dis-je, et j'apprends que vous allez vous marier, vous et Larry. Je tiens à vous féliciter. J'espère que vous serez très heureux. [...] Je ne suis ici que pour très peu de temps et je voudrais vous demander à tous deux de venir déjeuner avec moi demain au Ritz. J'inviterai également Gray et Isabel, et Elliott Templeton. »

Somerset Maugham,
Le Fil du rasoir,
1944

« ... le maître d'hôtel, le superbe maître d'hôtel, arriva de l'office avec solennité, portant sur un grand plat d'argent un turbot de dimension fabuleuse, un de ces poissons phénomènes comme on n'en voit que dans les tableaux anciens représentant la pêche miraculeuse, ou encore à l'étalage de Chevet, devant une rangée de gamins ébahis s'écrasant le bout du nez contre la vitre. [...] L'énorme turbot avait le goût le plus fin, le plus savoureux, et le jus de crevettes dont il était assaisonné prouvait que le chef de M. le Comte avait dû suivre les cours de cuisine du café Anglais et en profiter. »

François Coppée,
Contes rapides,
« À table »,
1888

TURBOT SAUCE CREVETTES

Bibliothécaire du Sénat, archiviste de la Comédie-Française, académicien français, François Coppée (1842-1908) fit de Paris son unique source d'inspiration, et fut en son temps un auteur au succès extraordinaire.

POUR 6 PERSONNES
PRÉPARATION 30 MINUTES
CUISSON 30 MINUTES

1 turbotin de 1,5 kg environ
200 g de crevettes roses décortiquées
125 g de beurre
50 g de farine
1 cube de fumet de poisson
1 citron
1 c. à café de paprika
Sel, poivre

1. Faites préparer et vider le turbotin par votre poissonnier, ou bien faites lever les filets si vous ne disposez pas d'une turbotière. Préchauffez le four à 180 °C (th. 6). Dans une cocotte, portez à ébullition 1 litre d'eau, puis ajoutez le fumet de poisson et laissez dissoudre.
2. Dans un plat profond allant au four, faites fondre 25 g de beurre, puis tournez le poisson dans le beurre. Versez la moitié du bouillon de poisson sur le turbotin et enfournez pour 25 minutes.
3. Pendant ce temps, préparez la sauce : dans une casserole, faites fondre 50 g de beurre. Ajoutez la farine, mélangez au fouet, puis versez progressivement le bouillon restant, toujours sur le feu, jusqu'à ce que la sauce épaississe. Ajoutez le paprika, salez, poivrez et réservez hors du feu.
4. Pressez le citron. Dans le bol d'un robot, placez les crevettes, le jus de citron et le reste du beurre. Mixez en pommade. Ajoutez progressivement cette crème dans la sauce au paprika, en remuant délicatement.
5. Nappez le turbot poché de sauce, et servez par exemple avec des légumes verts pour l'harmonie des couleurs.

« Ils allèrent déjeuner tous les trois à la salle à manger de l'hôtel. C'était un endroit de tapis profonds et de garçons feutrés – rien à voir avec la démarche alerte et piaffante de ceux qui les avaient servis, ces jours derniers, dans les restaurants qu'ils avaient fréquentés. On ne voyait ici que des familles américaines, dévorant des yeux d'autres familles américaines, dans l'espoir d'engager la conversation. »

Francis Scott Fitzgerald,
Tendre est la nuit,
1934

HOMARD À L'AMÉRICAINE

NICOLE, DICK, ALIAS ZELDA ET SCOTT FITZGERALD (1896-1940), ET ROSEMARY, JEUNE ACTRICE ÉPRISE DE DICK... DE LA CÔTE D'AZUR À PARIS, LE TRIO AMOUREUX VA SOUFFRIR, MENTIR, SE DÉCHIRER, MAIS AUSSI S'OCTROYER DE NOMBREUSES PAUSES GOURMANDES, À L'INSTAR DE FITZGERALD LUI-MÊME, DONT HEMINGWAY LOUA L'APPÉTIT ! JUSQU'AU HOMARD QUI SE PRÉTEND À L'AMÉRICAINE, LUI QUI A ÉTÉ INVENTÉ PAR LE SÉTOIS PIERRE FRAISE !

POUR 4 PERSONNES
PRÉPARATION 30 MINUTES
CUISSON 35 MINUTES

2 homards vivants
1 petite boîte de tomates pelées (200 g)
2 citrons
3 échalotes
2 gousses d'ail
1 bouquet garni
50 cl de vin blanc sec
2 c. à soupe de cognac
6 c. à soupe d'huile de tournesol
Sel, poivre

1. Découpez les homards : placez un crustacé sur une planche, queue repliée en dessous, puis enfoncez la pointe d'un couteau bien aiguisé dans le haut de la queue et coupez dans la longueur en suivant la ligne médiane. Éliminez le boyau noir.
2. Faites chauffer 4 cuillerées à soupe d'huile, salez, poivrez les homards, puis faites-les revenir à feu vif 2 ou 3 minutes sur chaque face. Ajoutez le cognac et flambez le contenu de la poêle. Réservez hors du feu.
3. Épluchez les échalotes et l'ail, émincez-les et faites-les revenir 5 minutes dans une cocotte avec 2 cuillerées à soupe d'huile. Salez, poivrez. Mixez les tomates pelées et ajoutez-les dans la cocotte, ainsi que les homards. Remuez.
4. Pressez les citrons et ajoutez le jus dans la cocotte, ainsi que le vin blanc et le bouquet garni. Baissez le feu et faites cuire 15 à 20 minutes à couvert. Servez bien chaud.

« Cet homme aura passé les deux tiers de sa vie ou tout en noir ou tout en blanc. Chef cuisinier du tsar de Russie puis de l'empereur d'Autriche, il a porté pendant vingt ans le blanc costume et ce bonnet monté en forme de brioche dont la propreté tranquillise et qu'on aime apercevoir entre deux portes. À quarante ans, il a troqué son habit blanc contre le frac, et de quarante à soixante ans, il a vécu en habit noir. Allant de table en table, conseillant une sole, proposant un perdreau, suggérant un dessert, surveillant tout, salant ceci, sucrant cela, il peut dire qu'il eut tout Paris à sa table. »

Sacha Guitry,
préface à ***Éloge de la cuisine française***,
d'Édouard Nignon, 1933

SOLE À L'AMIRALE

À ÉDOUARD NIGNON, UN SACHA GUITRY RECONNAISSANT… EN EFFET, S'IL EST UN CUISINIER EMBLÉMATIQUE DE LA VIE PARISIENNE, À L'ÉGAL D'UN ANTONIN CARÊME OU, PLUS TARD, D'UN DUCASSE, C'EST BIEN LE CUISINER NIGNON (1865-1934) QUI SERVIT CHEZ *POTEL ET CHABOT*, MAIS AUSSI CHEZ *LAPÉROUSE*. C'EST UNE ADMIRATION SINCÈRE QUE SACHA GUITRY (1885-1957) ÉPROUVE POUR LE GRAND CHEF…

POUR 6 PERSONNES
PRÉPARATION 25 MINUTES
CUISSON 40 MINUTES

6 filets de sole
150 g de moules décortiquées
100 g de beurre
25 cl de crème fraîche
1 petit pot de beurre d'écrevisses (100 g)
15 cl de vin blanc
100 g de champignons
15 g de brisures de truffe
Sel, poivre

1. Lavez et épluchez les champignons, ôtez leur pied sableux, puis émincez-les finement.
2. Dans une poêle, faites fondre 50 g de beurre. Salez, poivrez, puis ajoutez les moules et faites-les revenir 5 minutes à feu moyen.
3. Baissez le feu, ajoutez les champignons et laissez cuire une dizaine de minutes environ, jusqu'à ce que les champignons aient bien réduit, en remuant fréquemment.
4. Dans une petite casserole, faites chauffer la crème, puis ajoutez le beurre d'écrevisses et mélangez au fouet. Poivrez.
5. Versez la crème sur les moules et les champignons, mélangez, puis ajoutez les brisures de truffe.
Couvrez et réservez au chaud.
6. Dans une poêle à bords hauts, faites fondre le reste du beurre, puis ajoutez le vin blanc. Roulez les filets de sole et piquez-les avec un cure-dents pour qu'ils tiennent enroulés. Salez, poivrez et laissez-les pocher à feu très doux une dizaine de minutes. Retirez le cure-dents avant de servir.

BABA AU RHUM

Connu pour son œil impitoyable sur les œuvres de ses confrères écrivains, le poète Henri-Auguste Barbier (1805-1882), traducteur de William Shakespeare, se moqua bien des grands dîners parisiens réunissant des centaines de convives et des dizaines de plats dans plusieurs de ses nombreuses œuvres satiriques. Cela ne l'empêcha pas d'être élu à l'Académie française contre Théophile Gautier, ni d'écrire le livret de l'opéra Benvenuto Cellini pour Hector Berlioz...

POUR 8 PERSONNES

PRÉPARATION 15 MINUTES
LA VEILLE, 25 MINUTES
LE JOUR MÊME

CUISSON 30 MINUTES

250 g de farine
+ 1 noix pour le moule
3 œufs
50 g de sucre
50 g de beurre
+ 1 c. à soupe pour le moule
20 cl de lait
25 cl de sirop de sucre
15 cl de rhum ou de jus de fruits
1 cube de levain
Une dizaine de cerises confites

Pour la crème pâtissière
50 cl de lait
3 œufs
100 g de sucre
2 c. à soupe de farine
1 gousse de vanille

1. Dans une terrine, délayez le levain avec 2 cuillerées à soupe d'eau chaude. Ajoutez 1 cuillerée à soupe de lait, puis la farine. Mélangez jusqu'à ce que la pâte devienne lisse et souple comme une pâte à modeler. Laissez-la reposer sous un torchon jusqu'au lendemain : elle aura alors presque doublé de volume.
2. Le jour même, préchauffez le four à 180 °C (th. 6).
Faites fondre le beurre dans une petite casserole, puis ajoutez-le à la pâte ainsi que les œufs, le reste du lait et le sucre.
3. Beurrez un moule à savarin, farinez-le, puis versez la pâte dans le moule et enfournez pour 20 minutes.
4. Pendant ce temps, préparez la crème : portez le lait à ébullition avec la gousse de vanille fendue en deux.
5. Dans une terrine, cassez les œufs, ajoutez le sucre et mélangez au fouet. Lorsque le mélange blanchit, ajoutez la farine et continuez à remuer. Versez peu à peu le lait bouillant sur le mélange, sans cesser de remuer, puis remettez le tout dans la casserole sur le feu et fouettez jusqu'à ce que la crème épaississe, 5 minutes environ ; ôtez la vanille. Réservez hors du feu.
6. Dans un grand plat, mélangez le sirop de sucre et le rhum (ou le jus de fruits, pour une version non alcoolisée). Démoulez le baba et mettez-le à tremper la tête en bas quelques minutes dans le liquide. Retournez-le et laissez-le imbiber quelques minutes de plus.
7. Transférez le baba sur un plat de service, disposez la crème pâtissière au centre et parsemez de cerises confites.

« Je ne décrirai pas les différents morceaux
Qui nous furent servis tant refroidis que chauds ;
Hure de sanglier cuite à la bohémienne,
Côtelettes d'agneau, dinde à la parisienne,
Truffes du Périgord ; je ne parlerai pas
Non plus des entremets couronnant le repas,
Pois verts au naturel et gelée à la fraise,
Croque-en-bouche, babas, crème à la polonaise »

Auguste Barbier,
Satires et poèmes,
« Un dîner d'anges »,
1837

DÉLICE AUX ANANAS DU RÉGENT

« Touchez ma bosse, monseigneur, elle vous portera bonheur ! » Rien ne va plus dans le bon royaume de France, en cette fin du XVIIe siècle. Alors que les complots se multiplient autour de la succession de Louis XV, le chevalier de Lagardère protège l'identité de la très belle Aurore, et s'introduit dans une des somptueuses fêtes organisées par le Régent sous les traits d'un bossu inoffensif... Qui pourrait voir en lui le célèbre chevalier, détenteur du secret de « la botte de Nevers » ?

POUR 8 PERSONNES

PRÉPARATION 20 MINUTES

CUISSON 25 MINUTES

1 ananas frais
(ou 1 grosse boîte d'ananas en conserve, égoutté)
4 œufs
50 cl de lait
50 g de beurre
400 g de farine
100 g de vergeoise
2 c. à soupe de sucre glace
2 c. à soupe de rhum
1 grenade pour la décoration (facultatif)

1. Dans une terrine, cassez les œufs, puis ajoutez le sucre glace et remuez au fouet à main jusqu'à ce qu'il soit bien dissous. Incorporez ensuite la farine et remuez à la fourchette jusqu'à obtenir une pâte très lisse. Ajoutez alors le lait progressivement sans cesser de remuer, puis le rhum.
2. Dans une casserole à fond épais, versez 15 cl d'eau, puis ajoutez la vergeoise et faites-la fondre jusqu'à ce qu'elle prenne une belle couleur caramel. Plongez aussitôt la casserole dans de l'eau froide pour éviter que le caramel ne brûle. Versez le caramel dans un moule à bords hauts, de type moule à manqué, et nappez-en bien les parois.
3. Préchauffez le four à 180 °C (th. 6). Découpez la chair de l'ananas en petits morceaux, puis faites revenir ces derniers dans le beurre à feu moyen durant 10 minutes, en remuant fréquemment. Égouttez ensuite le contenu de la poêle au chinois et récupérez le sirop formé. Si vous utilisez des fruits en conserve, ajoutez le sirop et faites-le réduire en le laissant chauffer plus longtemps.
4. Versez la moitié de la pâte dans le moule, puis disposez dessus les morceaux d'ananas. Recouvrez avec le reste de pâte et lissez le tout.
5. Remplissez d'eau un plat à bain-marie, jusqu'à la moitié de sa hauteur, puis placez le moule au milieu. Enfournez 25 minutes.
6. Démoulez, puis nappez le gâteau de sirop d'ananas, parsemez de graines de grenades avant de servir, tiède ou froid.

VEFOUR

« Le Régent, qui n'avait pas beaucoup de goût à la représentation, sortait de son habitude et faisait les choses magnifiquement. On disait, il est vrai, que ce bon M. Law fournissait l'argent de la fête. Nous ne parlerons point des salons du palais, décorés pour cette circonstance avec un luxe inouï. La fête était surtout dans le jardin, malgré la saison avancée. [...] Toutes les serres de Paris avaient été mises à contribution pour composer des massifs d'arbustes exotiques : on ne voyait partout que des fleurs tropicales et des fruits du paradis terrestre. »

Paul Féval,
Le Bossu,
1858

« Que l'on se représente ces Parisiennes, dont quelques-unes étaient des merveilles de beauté, de grâce et d'esprit, ces Parisiens tous en vedette et quelques-uns remarquables, devisant autour des gâteaux et du chocolat, dans le salon, l'antichambre, jusque sur les premières marches du grand escalier. L'art de la maîtresse de maison idéale, c'est d'être partout à la fois et de favoriser tout le monde, en ne mécontentant personne. »

Léon Daudet,
Souvenirs littéraires,
1914-1921

FINANCIERS AUX AMANDES

FILS D'ALPHONSE DAUDET, AYANT DEPUIS SA PLUS TENDRE ENFANCE FRÉQUENTÉ DES ÉCRIVAINS ET CONTRIBUÉ À LA CRÉATION DE L'ACADÉMIE GONCOURT, LÉON DAUDET (1867-1942) RESTE UN DES PLUS GRANDS TÉMOINS DE L'HISTOIRE LITTÉRAIRE DE SON TEMPS. DANS SES MÉMOIRES, SE CROISENT MARCEL PROUST ET LOUIS-FERDINAND CÉLINE, PICASSO ET ANDRÉ GIDE, ÉMILE ZOLA ET GUSTAVE FLAUBERT... BON VIVANT, IL PARSÈME ÉGALEMENT SES SOUVENIRS DE REPAS COPIEUX ET ARROSÉS EN BONNE COMPAGNIE, OU DE RÉCEPTIONS TRÈS SOPHISTIQUÉES DANS LE MEILLEUR MONDE.

POUR UNE DIZAINE DE FINANCIERS
PRÉPARATION 15 MINUTES
CUISSON 20 MINUTES

100 g de poudre d'amandes
100 g de sucre
50 g de farine
4 blancs d'œufs
100 g de beurre
+ 1 noix pour le(s) moule(s)
Sel

1. Préchauffez le four à 180 °C (th. 6). Dans une petite casserole, faites fondre le beurre et laissez-le se colorer quelques instants sans qu'il noircisse (c'est un beurre noisette).
2. Dans une terrine, versez la poudre d'amandes, puis la farine et mélangez bien. Ajoutez le sucre et le beurre fondu.
3. Battez les blancs d'œufs au fouet à main, avec une pincée de sel. Incorporez-les à la pâte et remuez délicatement jusqu'à ce que le mélange soit homogène.
4. Beurrez des moules individuels (ou bien un moule carré à bords plats). Répartissez la pâte dans les moules et enfournez 20 minutes.

« Je vous remercie bien, mes chères dames, de l'offre que vous me faites de publier dans un journal tout ce qui s'est passé relativement à M. de Sèze. Vous êtes d'excellentes royalistes, et moi aussi je suis un bon royaliste : nous devons nous souvenir avant tout que M. de Sèze est un homme respectable, et qu'il a été le défenseur de notre roi. Je vous ai déjà remerciées de vos excellents fruits : Mme de Chateaubriand et moi nous mangeons tous les jours vos marrons en parlant de vous. À présent permettez à votre hôte de vous embrasser. Ma femme vous dit mille choses, et moi je suis Votre serviteur et ami. »

François René de Chateaubriand, Paris, 2 novembre 1820

COUPE CHATEAUBRIAND

Royaliste sous Louis XVIII, partisan de l'Empereur sous Napoléon, François-René de Chateaubriand (1768-1848) fit une brillante carrière diplomatique qui le mena de Rome jusqu'au Nouveau Monde en passant par Jérusalem, au gré de ses missions politiques. Il se révèle au contraire dans ses *Mémoires d'outre-tombe* friand de soirées parisiennes et de dîners somptueux...

POUR 4 PERSONNES
PRÉPARATION 2 MINUTES
LA VEILLE, 1 HEURE LE JOUR MÊME
CUISSON 30 MINUTES

25 cl de crème épaisse
400 g de crème de marrons
4 marrons glacés

Pour 1 kg de crème de marrons
3 kg de marrons
1 kg de sucre
1 gousse de vanille

1. Préparez d'abord la crème de marrons. La veille, fendez la gousse de vanille et incorporez-la dans le sucre.
2. Le jour même, portez à ébullition une grande casserole d'eau. Fendez les marrons et jetez-les dans l'eau bouillante, 10 minutes environ. Quand ils sont cuits, retirez-les de l'eau, laissez-les refroidir puis ôtez l'écorce et la deuxième peau.
3. Mettez le sucre dans la casserole, mouillez avec 15 cl d'eau et faites chauffer à feu doux.
4. Passez les marrons au moulin à légumes équipé d'une grille fine (ou écrasez-les au presse-purée si vous préférez de plus gros morceaux), puis ajoutez-les au sucre.
5. Remuez soigneusement la purée de marrons dans la casserole jusqu'à dissolution complète du sucre, puis mettez en pots et laissez refroidir. Conservez les pots au réfrigérateur ou bien stérilisez-les si vous souhaitez les conserver plus d'une semaine.
6. Pour dresser les coupes, superposez une couche de crème fraîche et une couche de crème de marrons ; terminez par un marron glacé.

FRAISIER DE LA PRINCESSE DE PARME

Qui est Charles Swann ? Un dandy, soucieux de ses relations, dont le prince de Galles ? Un amateur d'art, dont l'hôtel particulier regorge de splendeurs ? Ou simplement l'homme amoureux et jaloux jusqu'à la folie de la frivole Odette de Crécy ? Faux-semblants, jeux de miroirs, noblesse parisienne futile mais indispensable au fonctionnement de la société, dans son œuvre fleuve Marcel Proust (1871-1922) n'épargne rien ni personne, et même les fruits sont évalués à l'aune de sa plume.

POUR 8 PERSONNES

PRÉPARATION 45 MINUTES, LA VEILLE

CUISSON 40 MINUTES, LA VEILLE

200 g de farine
150 g de sucre
6 œufs
20 cl de crème liquide
20 g de beurre pour le moule
500 g de fraises
25 cl de sirop de fraise
200 g de pâte d'amandes rose

Pour la crème
50 cl de crème épaisse
25 cl de crème liquide très froide
100 g de sucre
1 sachet de sucre vanillé

1. Préchauffez le four à 160 °C (th. 5) et faites-y fondre le beurre, dans un moule à manqué.
2. Cassez les œufs dans une terrine, ajoutez le sucre et fouettez vigoureusement pendant 5 minutes. Ajoutez la farine puis la crème, en remuant bien à chaque étape.
3. Répartissez le beurre fondu dans le moule, puis versez la pâte et enfournez 40 minutes.
4. Sortez le gâteau du four, laissez-le refroidir quelques heures, puis démoulez-le et coupez-le en deux dans l'épaisseur avec précaution. Coupez également le dessus du gâteau, de manière à obtenir deux disques plats. Avec un pinceau alimentaire, badigeonnez-les de sirop de fraise.
5. Battez la crème liquide en chantilly, ajoutez la crème épaisse, le sucre et le sucre vanillé, puis tartinez l'intérieur du gâteau avec la moitié de cette préparation.
6. Lavez les fraises (conservez-en quelques-unes pour la décoration), équeutez-les, coupez-les en deux et disposez-les côte à côte dans la crème jusqu'à couvrir toute la surface.
7. Recouvrez du reste de la crème. Posez le deuxième disque pour reformer le gâteau et ajustez bien.
8. Abaissez la pâte d'amandes au rouleau et recouvrez-en le gâteau. Découpez les débords, décorez de fraises entières et réservez une nuit au réfrigérateur avant de servir.

« Un jour que, pour l'anniversaire de la princesse de Parme [...], il avait voulu lui envoyer des fruits, ne sachant pas trop comment les commander, il en avait chargé une cousine de sa mère qui, ravie de faire une commission pour lui, lui avait écrit, en lui rendant compte, qu'elle n'avait pas pris tous les fruits au même endroit, mais les raisins chez Crapote dont c'est la spécialité, les fraises chez Jauret, les poires chez Chevet, où elles étaient plus belles, etc., "chaque fruit visité et examiné un à un par moi". Et en effet, par les remerciements de la princesse, il avait pu juger du parfum des fraises et du moelleux des poires. »

Marcel Proust,
Du côté de chez Swann,
1913

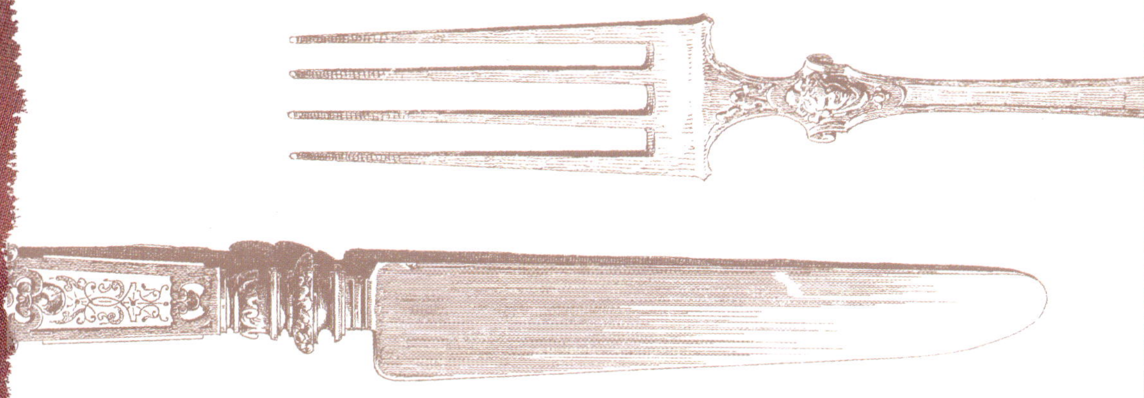

GLACE AUX AVELINES GARNIES DE GAUFRES

Sérieux poète, traducteur d'anglais émérite, Stéphane Mallarmé (1842-1898) fut également rédacteur en chef d'un journal consacré aux dames et intitulé *La Dernière Mode*. Articles que l'auteur de « La chair est triste hélas... » signait parfois du pseudonyme de Miss Satin ! La vie mondaine y tenait une bonne place, ainsi que les comptes rendus de repas somptueux, les critiques de pièces de théâtre et les cancans des défilés de grands couturiers. Tout ce qui fit, et fait encore, la vie parisienne...

POUR 1 LITRE DE GLACE
ET UNE DIZAINE DE GAUFRES
PRÉPARATION 35 MINUTES
PRISE EN SORBETIÈRE 1 HEURE 30
CUISSON 20 MINUTES

Pour la glace
50 cl de lait
3 jaunes d'œufs
100 g de crème fraîche
150 g de noisettes en poudre
100 g de cassonade
Quelques noisettes pour la décoration

Pour les gaufres
150 g de farine
2 œufs
50 cl de lait
50 g de beurre ramolli

1. Préparez la glace : portez le lait à ébullition, puis versez-y la poudre de noisettes, baissez le feu au minimum et laissez infuser 15 minutes environ.
2. Mélangez les jaunes d'œufs et la cassonade dans une terrine, puis battez au fouet jusqu'à ce que le mélange mousse.
3. Versez le lait à la noisette dans la terrine en remuant au fouet, puis remettez le tout dans la casserole et faites chauffer jusqu'à ce que le mélange épaississe, sans laisser bouillir. Retirez alors du feu et réservez.
4. Battez la crème fraîche, puis incorporez-la à la crème noisette avec le fouet.
5. Versez la crème dans une sorbetière, puis mettez au congélateur.
6. Préparez la pâte à gaufres : dans une terrine, mettez le beurre ramolli, versez la farine, puis cassez les œufs et mélangez. Versez le lait en remuant au fouet, pour obtenir une pâte lisse, sans grumeaux.
7. Faites chauffer votre gaufrier, puis faites cuire les gaufres environ 4 minutes, selon la puissance de l'appareil.
8. Sortez la glace 15 minutes à l'avance. Servez à l'assiette chaque gaufre surmontée d'une ou deux boules de glace, et décorez de noisettes entières.

VILLE DE PARIS
Cuvée Réservée 1981

« Dixième feuillet. Menu de grand dîner. Potages, Purée de perdreaux chasseur, Orge perlé à la Princesse. – Huîtres de Marennes, Ostende, Impériales. – Hors-d'œuvre : Crevettes, Canapés de caviar, Hareng à la Russe, Saumon fumé. – Relevé : Truite à la Régence, Filet de bœuf à la Godard. – Boudins de lapereaux à la Lucullus. – Entrées : Poularde à l'Écossaise, Grenadins de veau à la Maréchale. – [...] – Glaces aux avelines garnies de gaufres. – Dessert choisi par la maîtresse de maison. – Café, Liqueurs. »

Stéphane Mallarmé,
La Dernière Mode,
novembre 1894

« Potage purée Bovary, Truite saumonée à la Fille Élisa, Poularde truffée à la Saint-Antoine, Artichauts au Cœur simple, Parfait naturaliste, Vin de Coupeau, Liqueur de l'Assommoir. Parmi les invités d'un soir, on trouve, outre le trio, six disciples : Huysmans, Céard, Hennique, Alexis, Maupassant et Mirbeau. »

La République des lettres,
avril 1877

PARFAIT NATURALISTE AU CHOCOLAT

C'est le 16 avril 1877, dans un restaurant parisien situé au coin de la rue Saint-Lazare et du passage du Havre, que la littérature française fait un grand bond en avant avec la naissance d'un courant littéraire qui avait de beaux jours devant lui : le naturalisme. À table, rien de moins qu'Émile Zola, Gustave Flaubert, Edmond de Goncourt, mais aussi Guy de Maupassant, Joris-Karl Huysmans et Octave Mirbeau.

POUR 6 PERSONNES
PRÉPARATION 25 MINUTES, LA VEILLE
CUISSON 20 MINUTES, LA VEILLE

25 cl de lait
4 jaunes d'œufs
100 g de vergeoise blonde
1 c. à soupe de Maïzena
150 g de chocolat à pâtisser
25 cl de crème liquide très froide
1 c. à soupe de cacao en poudre

1. Portez le lait à ébullition. Pendant ce temps, dans une terrine, mélangez les jaunes d'œufs avec la vergeoise jusqu'à ce que le mélange blanchisse.
2. Ajoutez le lait bouillant sans cesser de fouetter, puis la Maïzena. Reversez cette crème dans la casserole du lait et faites-la épaissir sur le feu sans la laisser bouillir. Dès qu'elle épaissit, ôtez-la du feu et réservez.
3. Cassez le chocolat en petits morceaux dans une terrine et versez la crème par-dessus. Mélangez au fouet jusqu'à ce que le chocolat ait fondu. Laissez refroidir.
4. Montez la crème fraîche liquide en chantilly à l'aide d'un batteur à œufs, puis incorporez-la dans la crème au chocolat.
5. Versez cette préparation dans un moule à cake ou un moule à manqué, et faites prendre 1 heure au congélateur, puis réservez au moins une nuit au réfrigérateur avant de servir. Parsemez alors de cacao à l'aide d'un chinois ou d'une passoire à thé. Une crème anglaise accompagnera à merveille ce dessert...

Tables familiales, petits dîners intimes, casseroles rutilantes et porcelaine se promènent dans la littérature parisienne, et fournissent aux écrivains prétexte à de multiples rebondissements romanesques. Domestiques et cuisinières règnent sur les cuisines chez Émile Zola, on fait bombance chez la Comtesse de Ségur, les enfants terribles de Cocteau improvisent une dînette sur des coussins, la nourriture se déguste sans mot dire chez les Thibault de Roger Martin du Gard. Derrière les fenêtres de Paris, la gastronomie s'écrit de mille façons…

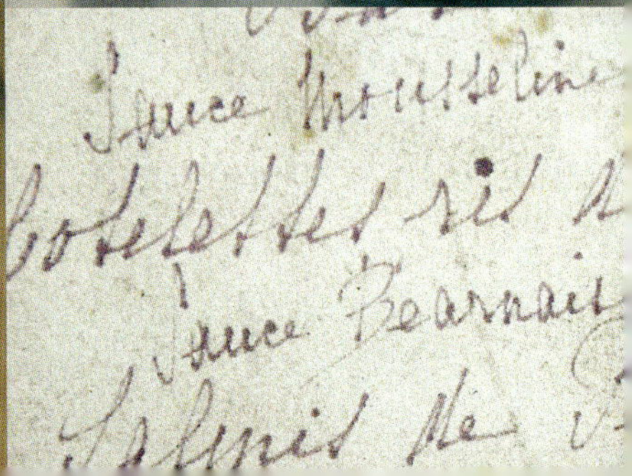

« La garde Mariette prenait à cœur sa tâche. Le médecin s'était fâché. Il voulait du calme, de la détente, de la suralimentation. Il passait donner ses ordres, les sommes nécessaires, et revenait pour être sûr que ses ordres étaient exécutés. […] Élisabeth […] préparait des surprises. Elle savait le goût de Paul pour le poivre, le sucre, la moutarde. Il les mangeait sur des croûtons de pain. […] La Bretonne aurait certes préféré qu'on lui laissât faire une cuisine bourgeoise, mais elle refoulait ses méthodes et se prêtait de bonne grâce aux extravagances des enfants. »

Jean Cocteau,
Les Enfants terribles,
1929

CANAPÉS DES ENFANTS TERRIBLES

RUE MONTMARTRE, RIEN NE SE PASSE NORMALEMENT : GÉRARD AIME ÉLISABETH, PAUL AIME AGATHE MAIS ÉLISABETH ET PAUL S'AIMENT TROP POUR SE PARTAGER. À UN PARIS PEUPLÉ D'ARBRES QUI PERDENT LEURS FEUILLES ET DE CAFÉS HOSPITALIERS, LES ENFANTS TERRIBLES PRÉFÈRENT LEUR APPARTEMENT, OÙ ILS PEUVENT À LOISIR SE NOURRIR DE PLATS DÉCADENTS MÉLANGEANT TOUTES LES SAVEURS.

POUR 6 PERSONNES
PRÉPARATION 30 MINUTES

1 pain d'épices de 500 g environ
200 g de pâté de foie
200 g de fromage à pâte persillée ou roquefort
1 pomme Granny Smith
1 poire
3 branches de céleri
3 carottes

Pour la sauce au miel
1 c. à soupe de moutarde
2 c. à soupe de miel
2 c. à soupe d'huile
Sel, poivre

1. Coupez des tranches de pain d'épices de 1 cm d'épaisseur, puis recoupez-les en deux ou trois selon leur largeur.
2. Tartinez la moitié des toasts de pâté de foie. Épluchez la pomme, coupez-la en quartiers, puis à nouveau en deux dans le sens de la hauteur, et détaillez chaque morceau en tranches fines. Posez ces triangles sur les canapés.
3. Tartinez la deuxième moitié des toasts avec le fromage, puis découpez la poire comme vous l'avez fait pour la pomme.
4. Détaillez le céleri en bâtonnets de 5 cm de long. Épluchez les carottes, coupez-les en quatre dans le sens de la longueur. Présentez ces bâtonnets de légumes debout dans des verres, en alternant céleri et carottes.
5. Dans le bol d'un mixeur, mélangez la moutarde, le miel et l'huile. Salez, poivrez, et mixez en crème lisse.

« Depuis au moins vingt-cinq ans c'était l'usage, chez les Bonnicar, de manger des petits pâtés le dimanche. À midi très précis, quand toute la famille – petits et grands – était réunie dans le salon, un coup de sonnette vif et gai faisait dire à tout le monde : "Ah ! Voilà le pâtissier."
Alors avec un grand remuement de chaises, un froufrou d'endimanchement, une expansion d'enfants rieurs devant la table mise, tous s'installaient autour des petits pâtés symétriquement empilés sur le réchaud d'argent. »

Alphonse Daudet,
Contes pour la jeunesse,
« Les petits pâtés »,
1873

PÂTÉS DE VIANDE ALPHONSE DAUDET

LE PÂTISSIER SUREAU, DE LA RUE DE TURENNE, NE SAURAIT MANQUER À LA COMMANDE. OUI MAIS VOILÀ, CE DIMANCHE-LÀ LES VERSAILLAIS SONT ENTRÉS DANS LA CAPITALE, ET C'EST TOUTE L'HISTOIRE DE LA COMMUNE QUI REVIT À TRAVERS LE PARCOURS DE CES PETITS PÂTÉS, SOUS LA PLUME D'ALPHONSE DAUDET (1840-1897).

POUR 6 PÂTÉS INDIVIDUELS (OU 1 PÂTÉ DE 1 KG)
PRÉPARATION 35 MINUTES, 3 JOURS AVANT
CUISSON 1 HEURE (2 HEURES POUR UNE TERRINE DE 1 KG), 3 JOURS AVANT

300 g de lard frais
200 g d'escalope de veau
200 g de filet de porc
1 morceau de jambon blanc de 250 g
50 g de beurre
10 g de lamelles de truffe
10 cl de madère
1 c. à café de noix muscade râpée
1 c. à café de poivre
Sel

1. Découpez le lard, 100 g de veau et le filet de porc en morceaux, puis passez-les au mixeur 1 minute, de manière à obtenir un début de farce avec des morceaux irréguliers.
2. Dans un saladier, versez le madère, ajoutez une pincée de sel, le poivre, la muscade ainsi que les lamelles de truffe. Ajoutez la farce, mélangez, couvrez de film alimentaire et laissez mariner 30 minutes. Coupez en lamelles irrégulières le morceau de jambon et le reste de veau.
3. Préchauffez le four à 180 °C (th. 6). Beurrez une grande terrine ou bien 6 terrines individuelles. Disposez des lamelles de jambon et de veau en les entrecroisant, recouvrez-les de farce, en tassant bien à chaque étape. Continuez jusqu'à épuisement des ingrédients, et tassez avec un poids pour finir.
4. Enfournez 1 heure si vous avez garni des terrines individuelles, 2 heures pour une terrine unique. Laissez refroidir, puis placez au réfrigérateur durant au moins 3 jours.

« La duchesse. – J'ai faim !
Arnold. – Elle a faim !
Elle a faim ! Pauvre petite !
La duchesse. – Follement.
Tu n'as rien à manger ?
Arnold. – Attends, je crois qu'à
la cuisine il y a un demi-poulet
et un restant de salade de
pommes de terre.
La duchesse. – De la salade
de pommes de terre ! Ah !
Rien que d'y penser, mon creux
augmente ! Va ! Va ! »

Georges Feydeau,
La Duchesse des Folies-Bergère,
1902

SALADE DES FOLIES-BERGÈRE

LES AVENTURES DE LA MÔME CREVETTE ! APRÈS *LA DAME DE CHEZ MAXIM*, C'EST TOUT L'UNIVERS DE LA VIE PARISIENNE ET DE SES LIEUX MYTHIQUES DE LA VIE NOCTURNE QU'EXPLORE GEORGES FEYDEAU (1862-1921) PAR LE BIAIS DU VAUDEVILLE DANS LEQUEL IL EXCELLE. DANS CE MONDE DE PORTES QUI CLAQUENT, LES DUCHESSES NE SONT NOBLES QUE PAR HASARD.

POUR 6 PERSONNES
PRÉPARATION 30 MINUTES
CUISSON 15 MINUTES

4 pommes de terre
1 betterave
1 petite boîte de thon au naturel (150 g)
1 oignon rouge
1 branche de céleri
1 échalote
1 dizaine de cornichons
1 c. à soupe de câpres
10 g de persil
10 g de ciboulette
4 c. à soupe d'huile de tournesol
1 c. à soupe de vinaigre de cidre
Sel, poivre

1. Lavez et épluchez les pommes de terre. Faites-les cuire à la vapeur ou dans très peu d'eau durant 15 minutes. Laissez-les refroidir, puis coupez-les en rondelles.
2. Dans le même temps, lavez et émincez la branche de céleri, épluchez l'oignon et émincez-le, coupez la betterave en lamelles. Pelez l'échalote, hachez-la avec le persil et la ciboulette.
3. Dans un bol, écrasez le thon égoutté à la fourchette avec les câpres, ajoutez l'huile et le vinaigre. Salez, poivrez. Passez cette préparation au mixeur afin de confectionner une crème lisse.
4. Pour servir cette salade de la manière la plus décorative possible et profiter des effets de couleur, il faut la présenter à l'assiette, de préférence dans des assiettes creuses : disposez les lamelles de betterave, le céleri émincé, puis les rondelles de pommes de terre, finalement l'oignon. Nappez en spirale de sauce au thon, puis saupoudrez de persil et de ciboulette et terminez par les cornichons en tranches.

BERGERE

PÂTES FRAÎCHES AUX LÉGUMES

Quel meilleur moyen d'observer les mœurs gastronomiques des Parisiens que de le faire par les yeux d'un habitant… de la Lune ! Cent ans avant que Jules Verne constate l'absence d'êtres vivants sur notre satellite, Pierre Gallet (1698-1757) met en garde contre les abus de bonnes choses : son habitant de la Lune, d'un ascétisme exemplaire, est là pour rappeler aux Parisiens qu'abondance de biens nuit parfois, et pour se moquer de leur snobisme gourmand, faisant écho au Persan de Montesquieu.

POUR 4 PERSONNES
PRÉPARATION 45 MINUTES
CUISSON 20 MINUTES

3 poireaux
300 g de fèves dans leurs cosses
1 branche de céleri
2 échalotes
1 gousse d'ail
50 g de beurre
1 c. à café de gros sel
Sel, poivre

Pour les pâtes fraîches
200 g de farine (blé, sarrasin, châtaigne…)
3 œufs
3 c. à soupe d'huile de tournesol

1. Versez la farine dans un plat creux, puis creusez un puits au milieu. Cassez les œufs, ajoutez-les dans le puits, ainsi que 20 cl d'eau et l'huile. Pétrissez jusqu'à ce que la pâte soit bien élastique en vous farinant régulièrement les mains. Si elle est trop collante, ajoutez de la farine. Laissez reposer pendant la préparation de la garniture.
2. Lavez les poireaux et le céleri, pelez les échalotes et l'ail, puis émincez finement le tout. Faites fondre le beurre, puis mettez les légumes à revenir à feu très doux dans une poêle, 10 minutes environ. Écossez les fèves et ajoutez-les dans la poêle, puis continuez la cuisson 10 minutes environ, pour que les fèves soient croquantes. Remuez cette belle harmonie de verts. Salez, poivrez.
3. Étalez la pâte. Si vous disposez d'une machine à pâtes, passez la pâte dans l'appareil selon la forme désirée. Sinon, découpez-la en lanières à l'aide d'un petit couteau pointu.
4. Faites chauffer au moins 2 litres d'eau, ajoutez le gros sel. À ébullition, mettez les pâtes à cuire 3 minutes, puis sortez-les délicatement de l'eau avec une écumoire.
5. Ajoutez la garniture et servez aussitôt.

« D'abord les yeux des convives furent fixés sur lui. Ou suivait tous ses mouvements ; et l'on fut rempli de surprise lorsqu'on vit qu'il ne touchait point à la viande, mais seulement aux pâtes, aux légumes, au maigre ; surtout lorsqu'on s'aperçut qu'il ne buvait que de l'eau, et encore avec une espèce de répugnance. Sans doute que l'eau de la Lune est moins chargée de parties grossières que la nôtre : Alphonaponor ne le dit point, parce qu'on l'assaillit de questions opposées à cet objet ; mais les observateurs découvrirent en voyant l'attention avec laquelle il la regardait, que cette idée était celle qui l'occupait. »

Pierre Gallet,
Voyage d'un habitant de la Lune à Paris à la fin du XVIIIe siècle

CARRÉ DE VEAU

AH, LES BOURGEOIS DE PARIS ! QUI NE S'EST PAS MOQUÉ DE LEUR AVARICE, SURTOUT LORSQU'IL S'AGIT DE RECEVOIR. ET EUGÈNE CHAVETTE (1827-1902), N'INVENTE RIEN : FILS DU CÉLÈBRE JOSEPH VACHETTE, PROPRIÉTAIRE DU CAFÉ LITTÉRAIRE BRÉBANT-VACHETTE OÙ SE RÉUNIRENT TOUTES LES GRANDES PLUMES PARISIENNES, C'EST SUR L'OBSERVATION QU'IL BASE SES SATIRES !

POUR 4 PERSONNES

PRÉPARATION 10 MINUTES

LA VEILLE,

30 MINUTES LE JOUR MÊME

CUISSON 1 HEURE

1 carré de veau avec os d'environ 2 kg
4 tranches de lard ou de bacon
200 g de champignons de Paris
25 cl de vin blanc sec
50 g de beurre + 1 noix pour les champignons
3 échalotes
1 bouquet garni
1 c. à soupe de tapioca
Sel, poivre

Demandez à votre boucher de séparer les côtes du carré seulement au talon, pour que la découpe soit plus facile au moment de servir.

1. La veille, préparez la marinade : épluchez les échalotes, émincez-les finement, puis mettez-les dans un grand récipient avec le vin blanc et le bouquet garni. Ajoutez le carré de veau, couvrez et laissez mariner jusqu'au lendemain.
2. Le jour même, sortez la viande de la marinade et égouttez-la. Beurrez généreusement la viande, puis entourez-la des tranches de lard et ficelez l'ensemble. Si vous disposez d'une broche, embrochez le carré à la jointure des os (pour éviter les marques au moment de servir), puis faites cuire au four préchauffé à 220 °C (th. 8) pendant 1 heure en arrosant de marinade de temps en temps. Recueillez le jus de cuisson dans la lèchefrite pour confectionner la sauce.
Si vous avez choisi la cuisson au four, beurrez la viande ainsi que le plat, procédez de la même façon avec les tranches de lard, puis enfournez durant le même temps.
3. Pendant ce temps, lavez, épluchez et émincez les champignons. Faites-les revenir dans une poêle avec une noix de beurre une dizaine de minutes ; salez, poivrez.
4. Filtrez la marinade et retirez le bouquet garni. Dans une casserole, versez la marinade, portez à ébullition puis ajoutez le tapioca et remuez au fouet jusqu'à ce que le mélange épaississe.
5. Ajoutez alors les échalotes de la marinade et les champignons, salez, poivrez, puis laissez mijoter à feu doux 10 minutes environ. Servez le carré de veau nappé de sauce, accompagné de riz ou de petits légumes.

MIS EN BOUTEILLE AU
GRAND
DE
GRAND CRU
1978

« Madame. – Tu leur remplaceras le rôti par ton vin de Pouillac.
Monsieur. – Mais il n'est plus bon qu'à des conserves de cornichons.
Madame. – Il faut cependant bien le finir, ce vin ! On le refuse à la cuisine. Tu leur diras que c'est les cinq dernières bouteilles qui te restent de la vente de la cave de l'empereur ; cela leur fera croire qu'ils boivent du nectar, et tu les entendras même s'écrier : "Mazette ! il la passait douce, l'ex-despote !" Jamais ça ne rate son effet.
Monsieur, *mal résigné.* – Tout cela est fort adroit, mais ça ne tient pas sérieusement la place d'un rôti. Si tu veux m'en croire, nous ferons rembrocher le veau.
Madame, *sèchement.* – Alors, autant me dire de jeter notre fortune par la fenêtre.
Monsieur. – Pour un carré de veau ! C'est de l'exagération. »

Eugène Chavette,
Les Petites Comédies du vice,
1875

« Midi moins un quart... C'est aujourd'hui que monsieur Perrichon revient de voyage avec madame et mademoiselle... J'ai reçu hier une lettre de monsieur... la voilà. (Lisant.) "Grenoble, 5 juillet. Nous arriverons mercredi, 7 juillet, à midi. Jean nettoiera l'appartement et fera poser les rideaux. » (Parlé.) C'est fait. (Lisant.) "Il dira à Marguerite, la cuisinière, de nous préparer le dîner. Elle mettra le pot-au-feu... un morceau pas trop gras... de plus, comme il y a longtemps que nous n'avons mangé de poisson de mer, elle nous achètera une petite barbue bien fraîche... Si la barbue était trop chère, elle la remplacerait par un morceau de veau à la casserole." »

Eugène Labiche,
Le Voyage de M. Perrichon,
1860

POT-AU-FEU

Entré dans le patrimoine national comme la caricature du Parisien en voyage, qui n'aime rien tant que rentrer chez lui, M. Perrichon, créé par le célèbre auteur dramatique et académicien français Eugène Labiche (1815-1888), aime tout organiser, et plus précisément ses menus !

POUR 6 PERSONNES
PRÉPARATION 30 MINUTES
CUISSON 2 HEURES

1 kg de paleron de bœuf
500 g de tendron de veau
1 os à moelle (facultatif)
6 carottes
3 panais
3 rutabagas
2 poireaux
1 branche de céleri
1 oignon
3 clous de girofle
Sel, poivre

1. Mettez les morceaux de bœuf et de veau dans une grande cocotte, ajoutez assez d'eau froide pour couvrir la viande. Portez à ébullition, en enlevant l'écume qui se forme au fur et à mesure, avec une écumoire.
2. Pendant ce temps, épluchez les panais, les rutabagas et les carottes, puis coupez en deux les rutabagas dans leur hauteur. Lavez et émincez la branche de céleri et les poireaux. Piquez l'oignon avec les clous de girofle.
3. Lorsque le contenu de la cocotte arrive à ébullition et qu'il n'y a plus d'écume, prélevez plusieurs louches de bouillon que vous réserverez dans une autre cocotte. Remplacez le bouillon prélevé par de l'eau, puis ajoutez l'os à moelle et l'oignon dans la cocotte avec la viande. Réduisez le feu en maintenant une petite ébullition. Salez, poivrez, couvrez et laissez mijoter 2 heures à feu moyen.
4. Faites cuire les légumes dans la deuxième cocotte de bouillon, 20 minutes environ.
5. Servez avec les légumes et des pommes de terre vapeur ou des pâtes, sans oublier moutarde et mayonnaise en accompagnement.

CABILLAUD À LA BOUBOUROCHE

Boubouroche n'aurait-il pas plus de tête qu'un cabillaud ? C'est sans doute ce que se dit Adèle, qui le trompe allègrement depuis huit ans, alors même qu'il paye le loyer de la jeune femme, installée dans un appartement fort accueillant du boulevard Magenta. Mais Boubouroche, qui aime ses habitudes… et Adèle, ne peut pas croire qu'un amant soit caché dans son coffre à bois ou dans une armoire ! Il a bien tort…

POUR 4 PERSONNES

PRÉPARATION 20 MINUTES

CUISSON 30 MINUTES

4 morceaux de dos de cabillaud
2 carottes
1 poireau
3 navets
200 g de champignons
60 g de beurre ramolli
20 cl de crème fraîche
2 citrons
2 c. à soupe de persil haché
Sel, poivre

1. Disposez chaque morceau de cabillaud sur un rectangle d'aluminium ménager doublé de papier sulfurisé. Tartinez le poisson de beurre, salez, poivrez. Pressez les citrons et arrosez le poisson de jus. Refermez les papillotes et faites cuire au four préchauffé à 180 °C (th. 6) pendant 20 minutes.
2. Pendant ce temps, préparez les légumes : épluchez et émincez finement les carottes, le poireau, les navets. Mettez d'abord à cuire les carottes, les navets et le poireau dans leur volume d'eau, durant une vingtaine de minutes. Ajoutez les champignons finement émincés au dernier moment, et poursuivez la cuisson à feu moyen jusqu'à ce que les champignons soient cuits.
3. Lorsque l'eau est totalement évaporée (au bout de 10 minutes environ), ajoutez la crème fraîche, salez, poivrez.
4. Sortez les morceaux de poisson de leur papillote, ajoutez les légumes. Saupoudrez de persil haché et servez avec des pommes de terre vapeur ou du riz.

« Le Monsieur. – Depuis huit ans, je vous entends aller et venir, rire, causer, chanter *Le Forgeron de la paix* avec cette belle fausseté de voix qui est l'indice des consciences calmes, cirer le parquet, remonter la pendule, et vous plaindre (non sans aigreur) de la cherté du poisson : car vous êtes homme de ménage et volontiers vous faites votre marché vous-même. C'est exact ?
Boubouroche. – Rigoureusement. »

Georges Courteline,
Boubouroche,
1893

GRATIN DE POISSON BOULANGÈRE

Qui ne connaît pas Edmond Dantès, célèbre évadé du château d'If, victime d'une machination destinée à lui ravir son amour, sa fortune, sa réputation ? Revenu riche et « comte » dans la bonne société parisienne, il ne rêve que de vengeance... Mais dans ce monument littéraire, Alexandre Dumas (1802-1870), fin gourmet entre tous et excellent cuisinier, sème de nombreuses scènes gourmandes, dont on sait qu'elles relevaient de son vécu...

POUR 6 PERSONNES
PRÉPARATION 30 MINUTES
CUISSON 45 MINUTES

6 filets de lieu
4 poireaux
20 cl de crème épaisse
80 g de beurre
+ 1 noix pour le plat
1 oignon
1 gousse d'ail
2 clous de girofle
20 g de persil
1 c. à café de noix muscade râpée
5 biscottes ou l'équivalent de pain rassis
Sel, poivre

1. Passez les filets de lieu sous l'eau. Épluchez l'oignon et piquez-le des clous de girofle, puis faites chauffer une grande casserole d'eau jusqu'à ébullition.
2. Pendant ce temps, lavez et émincez les poireaux très finement. Dans une poêle, faites fondre 50 g de beurre, puis mettez les poireaux à revenir à feu doux en remuant fréquemment, durant 15 minutes. Ajoutez la muscade, salez, poivrez.
3. Plongez l'oignon et les filets de lieu dans l'eau bouillante une dizaine de minutes. Puis sortez-les de l'eau avec une écumoire, égouttez-les soigneusement et placez-les dans une terrine. Ôtez l'oignon et assurez-vous que les filets ne contiennent pas d'arêtes. Ajoutez la crème et mélangez à la fourchette de manière à écraser le poisson sans toutefois le réduire en purée. Pelez l'ail, hachez-le avec le persil, ajoutez ce hachis au poisson. Salez, poivrez.
4. Préchauffez le four à 180 °C (th. 6). Beurrez un plat à gratin, tapissez le fond d'une couche de poireaux, couvrez d'une couche de poisson, puis d'une autre couche de poireaux et terminez par le poisson.
5. Mixez les biscottes ou le pain rassis en chapelure et saupoudrez-en le plat d'une épaisse couche. Parsemez du reste de beurre en copeaux et enfournez 30 minutes.

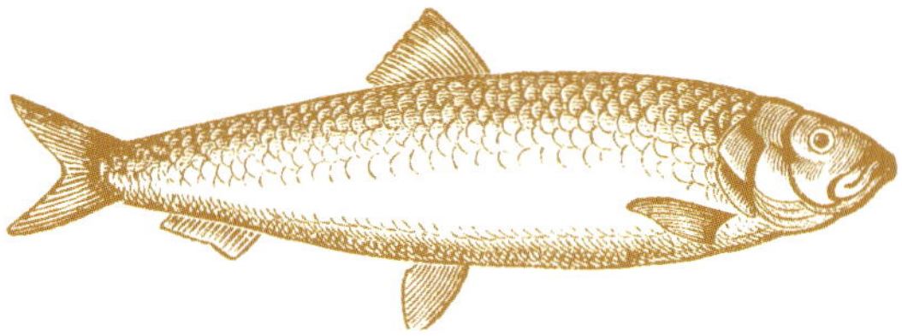

« Andrea sentit en effet, en respirant, une odeur de cuisine [...] c'était en outre un goût de poisson gratiné puis, par-dessus tout, l'âpre parfum de la muscade et du girofle. Tout cela s'exhalait de deux plats creux et couverts, posés sur deux fourneaux, et d'une casserole qui bruissait dans le four d'un poêle de fonte. Dans la chambre voisine, Andrea vit en outre une table assez propre ornée de deux couverts, de deux bouteilles de vin cachetées, l'une de vert, l'autre de jaune, d'une bonne mesure d'eau-de-vie dans un carafon, et d'une macédoine de fruits dans une large feuille de chou posée avec art sur une assiette de faïence. »

Alexandre Dumas,
Le Comte de Monte-Cristo,
1844

« – Nounoune, tu me donneras l'adresse ? L'adresse des cœurs à la crème, pour mon nouveau cuisinier que j'ai engagé pour octobre ?
– Penses-tu ! on les fait ici. Un cuisinier, voyez sauce aux moules et vol-au-vent ! […]
Elle l'écouta distraitement jusqu'à la fin du déjeuner. Habitué aux demi-silences de sa sage amie, il se contenta des apostrophes maternelles et quotidiennes : "Prends le pain le plus cuit… Ne mange pas tant de mie fraîche… Tu n'as jamais su choisir un fruit…" »

Colette,
Chéri,
1920

CŒURS À LA CRÈME

CHÉRI VA SE MARIER, METTANT FIN À UNE LONGUE LIAISON AVEC LA BELLE LÉA, SURNOMMÉE NOUNOUNE, DE VINGT ANS SON AÎNÉE, ET QUE COLETTE (1873-1954) DÉCRIT COMME UNE SŒUR JUMELLE… MAIS CHÉRI RÉUSSIRA-T-IL À OUBLIER CELLE QUI LUI A APPRIS À AIMER, À VIVRE ?

POUR 8 PERSONNES
PRÉPARATION 25 MINUTES
CUISSON 40 MINUTES

200 g de farine
100 g de beurre
4 œufs
250 g de fromage frais (de type Saint-Moret)
250 g de fromage blanc au lait entier
1 c. à café de cannelle en poudre
Sel, poivre

1. Munissez-vous de moules en forme de cœur (faciles à trouver). Faites fondre le beurre. Dans une terrine, versez la farine en pluie, ajoutez une pincée de sel et mélangez au fouet. Ajoutez le beurre, 15 cl d'eau et mélangez bien, jusqu'à obtenir une pâte homogène.
2. Ajoutez 1 œuf et pétrissez votre boule de pâte, puis réservez au frais une dizaine de minutes.
3. Préchauffez le four à 180 ° (th. 6). Cassez les 3 œufs restants en séparant les jaunes des blancs. Dans une terrine, versez le fromage blanc, ajoutez les jaunes d'œufs et le fromage frais. Salez, poivrez. Mélangez au fouet à main jusqu'à ce que le mélange soit bien lisse.
4. Battez les blancs en neige ferme avec une pincée de sel et ajoutez-les délicatement à la préparation.
5. Étalez la pâte dans les moules, à la main ou à l'aide d'un rouleau à pâtisserie, puis versez la préparation aux œufs dessus. Enfournez 40 minutes et laissez refroidir avant de déguster.

PÊCHES SULTANES À LA ROSE

Abbé mondain, ami des plus grands écrivains français (et leur confesseur...), l'abbé Mugnier (1853-1944) exerça en son temps plus d'influence sur la littérature française que bien des éditeurs. Proche de Jean Cocteau, de Paul Valéry et même de Louis-Ferdinand Céline, ce « confesseur du Tout-Paris » eut connaissance de tous les ragots, de tous les complots littéraires, de toutes les coteries. Et l'on se prend à regretter l'existence du secret de la confession !

POUR 8 COUPES

PRÉPARATION 45 MINUTES, LA VEILLE

CUISSON 40 MINUTES, LA VEILLE

8 pêches
50 cl de lait
6 œufs
100 g de vergeoise blonde + 2 c. à soupe pour les pêches
50 g de fécule de pomme de terre
30 g de beurre
1 gousse de vanille
25 cl de sirop de rose
1 c. à café d'agar-agar
1 litre de glace à la vanille
Sel

1. Lavez et épluchez les pêches, ouvrez-les en deux et ôtez les noyaux. Fendez la vanille dans le sens de la longueur, versez le lait dans une casserole et ajoutez la gousse de vanille. Faites chauffer le lait jusqu'à ébullition durant 5 minutes, puis laissez infuser la vanille durant 5 autres minutes.
2. Pendant ce temps, faites chauffer le beurre dans une grande poêle, saupoudrez-le de 2 cuillères à soupe de vergeoise et disposez les demi-pêches dans la poêle. Faites-les revenir d'un côté uniquement, sur leur face coupée, durant une dizaine de minutes à feu doux.
3. Cassez les œufs en séparant les jaunes des blancs. Versez les jaunes dans une terrine, ajoutez la vergeoise et fouettez au batteur électrique ou à main jusqu'à ce que le mélange blanchisse. Incorporez la fécule en continuant à fouetter.
4. Ôtez la gousse de vanille et versez le lait bouillant sur le mélange en remuant, puis remettez la préparation sur le feu. Laissez bouillir la crème 1 minute sans cesser de remuer, puis éteignez le feu et couvrez.
5. Fouettez les blancs d'œufs en neige ferme avec une pincée de sel dans une terrine, puis versez la crème chaude par-dessus et mélangez délicatement.
6. Dans une casserole, versez le sirop de rose, ajoutez l'agar-agar et mélangez bien. Portez à ébullition 1 minute, puis laissez refroidir.
7. Remplissez à demi chaque coupe individuelle de crème, puis disposez par-dessus deux moitiés de pêche et réservez au réfrigérateur jusqu'au lendemain. Ajoutez 1 boule de glace et 1 cuillerée à café de gelée de rose au moment de servir.

« Dîné hier, chez les Arthur Levavasseur. Un délicieux mets de pêches sultanes, sur fond de glace de vanille avec gelée de rose, de vraies feuilles de roses. C'était païen, ronsardesque. »

Journal de l'abbé Mugnier,
22 juin 1914

« – Vois-tu Michel, reprit l'oncle, pour moi, la campagne, avant les arbres, avant les plaines, avant les ruisseaux, avant les prairies, est surtout l'atmosphère ; or, à dix lieues autour de Paris, il n'y a plus d'atmosphère ! […] Si tu m'en crois, nous resterons tranquillement chez nous, en fermant bien nos fenêtres, et nous déjeunerons du mieux qu'il nous sera possible. Cela se fit suivant le désir de l'oncle Huguenin ; on se mit à table ; on mangea ; on causa de choses et d'autres ; M. Huguenin observait Quinsonnas, qui ne put s'empêcher de lui dire au dessert : – Ma foi, monsieur Huguenin, vous avez une bonne figure qui fait plaisir à voir… »

Jules Verne,
Paris au XXe siècle,
1863

FLAN

TERRIBLE TABLEAU QUE CELUI BROSSÉ PAR JULES VERNE (1828-1905) DANS CE PARIS DU FUTUR, OÙ LES HOMMES-MACHINES NE SONT PAS LOIN, OÙ L'ON ROULE DANS DE CURIEUX VÉHICULES À HYDROGÈNE, OÙ L'ON NE DÉGUSTE LES PLATS TRADITIONNELS QUE CHEZ CERTAINS RÉSISTANTS QUI PENSENT ENCORE QUE LE LATIN ET LA POÉSIE SONT ESSENTIELS À L'HUMANITÉ.

POUR 6 PERSONNES
PRÉPARATION 30 MINUTES, LA VEILLE
CUISSON 40 MINUTES, LA VEILLE

150 g de farine
5 œufs
100 g de beurre
+ 1 noix pour le moule
1 litre de lait
150 g de sucre
50 g de fécule
1 gousse de vanille
Sel

1. Dans une terrine, versez la farine, puis ajoutez une pincée de sel et mélangez. Faites fondre le beurre, versez-le dans la terrine, ajoutez 15 cl d'eau et pétrissez jusqu'à former une boule. Laissez reposer le temps de préparer la garniture.
2. Versez le lait dans une casserole, puis portez-le à ébullition. Coupez la gousse de vanille dans le sens de la longueur, raclez les grains et ajoutez-les dans le lait, ainsi que la gousse, et laissez infuser une dizaine de minutes.
3. Dans une terrine, fouettez les œufs et le sucre jusqu'à ce qu'ils blanchissent. Retirez la gousse de vanille de la casserole, ajoutez la fécule dans le lait et mélangez au fouet. Préchauffez le four à 180 °C (th. 6).
4. Versez le lait chaud sur les œufs en remuant énergiquement (s'il y a des grumeaux, passez la crème au mixeur).
5. Beurrez un moule à manqué et étalez-y la pâte à la main de manière régulière (ou utilisez un rouleau à pâtisserie).
6. Versez la crème sur la pâte et enfournez pour 40 minutes. Lorsque le flan est cuit, laissez-le refroidir à température ambiante, puis placez-le au réfrigérateur jusqu'au lendemain.

SAVARIN À LA CRÈME ET AUX FRUITS CONFITS

INNOCENT ET SIMPLICIE : À L'ÉVOCATION DE LEUR SEUL PRÉNOM, LE LECTEUR DEVINE QUE SOUS LA PLUME DE LA CRUELLE COMTESSE DE SÉGUR, LE SÉJOUR PARISIEN DES DEUX NIGAUDS NE SERA PAS DE TOUT REPOS. CENT PIÈGES LES ATTENDENT DANS LA GRANDE VILLE : ILS TOMBERONT DANS TOUS. ÉLÉGANCE RIDICULE, MANIÈRES AFFECTÉES, SOPHIE DE SÉGUR RÈGLE SES COMPTES AVEC LA BONNE SOCIÉTÉ PARISIENNE, MAIS N'OUBLIE JAMAIS DE SACRIFIER À UNE DE SES GRANDES PASSIONS : LA GOURMANDISE. PASSION QU'ELLE A COMMUNIQUÉE À TOUS SES PERSONNAGES, MÊME LES PLUS NIGAUDS !

POUR 6 PERSONNES
PRÉPARATION 40 MINUTES
CUISSON 35 MINUTES

3 œufs
50 g de farine
50 g de sucre
50 g de beurre
15 cl de jus de fruits, de sirop ou d'une liqueur au choix (facultatif)
150 g de fruits confits variés
100 g de cerises confites
1 c. à café de levure

Pour la crème pâtissière
50 cl de lait
3 œufs
100 g de sucre
2 c. à soupe de farine
1 gousse de vanille

1. Préchauffez le four à 160 °C (th. 5). Préparez d'abord le savarin : portez à ébullition une grande casserole d'eau, pour y faire un bain-marie. Lorsque l'eau bout, placez une terrine dans la casserole. Versez dans cette terrine la farine, puis la levure, en mélangeant bien au fouet, et le sucre.
2. Cassez les œufs un à un et ajoutez-les dans la terrine, puis mélangez sans ôter du bain-marie.
3. Beurrez généreusement un moule à savarin, puis versez-y la pâte. Lissez et enfournez pour 25 minutes.
4. Préparez la crème : portez le lait à ébullition avec la gousse de vanille fendue en deux. Dans une terrine, cassez les œufs, ajoutez le sucre et mélangez au fouet. Lorsque le mélange blanchit, ajoutez la farine et continuez à remuer.
5. Versez le lait bouillant sur le mélange progressivement, sans cesser de remuer, puis remettez le tout dans la casserole sur le feu et fouettez jusqu'à ce que la crème épaississe, 10 minutes environ. Réservez hors du feu.
6. Lorsque le savarin est cuit, démoulez-le immédiatement sur le plat de service. Vous pouvez à votre convenance le parfumer en versant dessus un jus de fruits, un sirop ou une liqueur, ou le laisser nature.
7. Au moment de servir, versez la crème pâtissière au centre et parsemez de fruits confits.

« Le sergent de ville se retira et fit faire place à Simplicie et à Boginski, qui se dirigèrent vers le pont Royal et la rue du Bac. Boginski rentra triomphant dans le petit appartement où l'attendaient tristement Prudence, Innocent et Coz. Le retour de Simplicie fut accueilli par des cris de joie ; Prudence l'embrassa à l'étouffer ; Innocent lui témoigna plus d'affection qu'il ne l'avait jamais fait. Coz, en la voyant, fit un bond de joie, la saisit dans ses bras et la porta dans ceux de Prudence. On envoya Boginski prévenir Mme de Roubier de l'heureux retour de Simplicie. Prudence voulut fêter cet agréable événement par un bon repas ; elle leur servit à dîner un gâteau excellent, surmonté d'une crème vanillée et entourée d'une muraille de fruits confits ; elle y ajouta une bouteille de frontignan-muscat pour célébrer la rentrée en famille d'Innocent et le retour de Simplicie. Ils invitèrent Boginski à dîner ; celui-ci prit sa large part du festin, puis il retourna chez Mme Bonbeck. »

Comtesse de Ségur,
Les Deux Nigauds,
1862

RELIGIEUSE

Georges Duroy est un ambitieux, de ceux qui sont prêts à utiliser leur physique pour réussir. Car en réalité, le bel homme n'a que peu de talents, si ce n'est celui de plaire aux femmes. Qu'à cela ne tienne : c'est par elles qu'il gravira les échelons de la bonne société, de la presse, du pouvoir, séduisant une mère pour épouser sa fille, marchant allègrement sur les cœurs brisés, jusqu'à ce qu'à son tour, il se découvre trompé !

POUR 8 RELIGIEUSES

PRÉPARATION 45 MINUTES

CUISSON 30 MINUTES

Pour la pâte à choux

200 g de beurre
+ 1 noix pour la plaque
250 g de farine
7 œufs
30 g de sucre vanillé
Sel

Pour la crème

50 cl de lait
1 œuf entier + 2 jaunes
100 g de sucre
50 g de Maïzena
35 g de café soluble

Pour le fondant

100 g de fondant de sucre
1 c. à café de café soluble

1. Préparez d'abord la pâte à choux : dans une casserole, faites fondre le beurre, puis ajoutez 25 cl d'eau et une pincée de sel ; remuez au fouet à main jusqu'à ce que le mélange soit onctueux. Sur feu doux, ajoutez la farine progressivement, puis, lorsque la préparation se détache des parois de la casserole, retirez la casserole du feu et incorporez les œufs un à un en fouettant. Terminez en ajoutant le sucre. La pâte doit ressembler à de la pâte à modeler un peu collante.
2. Préchauffez le four à 240 °C (th. 8). Beurrez une plaque à pâtisserie et, à l'aide d'une cuillère à soupe, déposez-y des boules de pâte de deux tailles, en prévoyant un nombre égal de grosses et de petites boules. Enfournez 15 minutes sans ouvrir la porte du four, car la pâte retomberait.
3. Préparez la crème : dans une terrine, versez le lait, la Maïzena, le café, le sucre, l'œuf entier et les jaunes, puis mélangez vigoureusement au fouet à main ou au batteur (vous pouvez aussi mélanger le tout dans le bol d'un robot).
4. Versez la préparation dans une casserole et faites chauffer à feu doux en remuant avec une spatule en bois jusqu'à ce que le mélange épaississe, 5 à 10 minutes environ. Puis retirez du feu.
5. Sortez les choux du four, puis découpez un trou sous leur base, avec un couteau pointu. Remplissez les choux de crème à l'aide d'une poche munie d'une douille.
6. Faites chauffer le fondant de sucre, ajoutez le café soluble et mélangez bien.
7. Plongez la tête des choux dans le mélange, puis superposez chaque petit chou sur un gros et laissez refroidir. Dégustez dans la journée.

« Il se jeta dans l'appartement. Le commissaire ayant ôté son chapeau, le suivit. Et la jeune femme effarée s'en vint derrière eux en les éclairant. Ils traversèrent une salle à manger dont la table non desservie montrait les restes du repas : des bouteilles à champagne vides, une terrine de foie gras ouverte, une carcasse de poulet et des morceaux de pain à moitié mangés. Deux assiettes posées sur le dressoir portaient des piles d'écailles d'huîtres. [...] Une assiette à gâteaux, une bouteille de chartreuse et deux petits verres encore à moitié pleins encombraient la cheminée. »

Guy de Maupassant,
Bel-Ami,
1885

AMANDINES AUX POMMES

Amoureuse de Guy de Maupassant, bien qu'elle s'en défendît, la peintre Marie Bashkirtseff (1858-1884) lui fit une cour épistolaire assidue, l'abreuvant de lettres auxquelles l'écrivain répondait sur le même ton, et qui sont un délice de badinage et de talent. Gourmande invétérée, aimant le chocolat et les spécialités niçoises, la toute jeune fille affectionnait les pâtisseries parisiennes, s'arrêtant aux vitrines qu'elle esquissait sur un carnet qui ne la quittait jamais…

POUR 6 PERSONNES
PRÉPARATION 30 MINUTES
CUISSON 35 MINUTES

4 pommes de type reinette
150 g de sucre
50 g d'amandes en poudre
50 g de beurre
1 jaune d'œuf
1 c. à soupe de fécule
1 c. à soupe de vanille en poudre
Gelée de pommes (facultatif)

Pour la pâte
200 g de farine
100 g de beurre
+ 1 noix pour le moule
1 œuf
20 g de sucre

1. Préparez d'abord la pâte : dans une terrine, versez la farine, puis le sucre. Faites fondre le beurre, ajoutez-le ainsi que l'œuf. Pétrissez jusqu'à obtenir une pâte homogène. Laissez reposer pendant la préparation de la garniture.
2. Dans une poêle profonde, versez 3 cl d'eau et 100 g de sucre. Faites chauffer jusqu'à la dissolution du sucre, 5 minutes environ. Épluchez les pommes au couteau économe (pour un résultat plus esthétique), puis coupez-les en deux et évidez-les. Faites-les pocher 10 minutes dans le sirop, à petit feu, la face bombée sur le dessus.
3. Dans une terrine, mélangez la poudre d'amandes et la fécule, ajoutez le jaune d'œuf, le reste du sucre, puis la vanille. Faites fondre le beurre et incorporez-le en remuant à la fourchette.
4. Préchauffez le four à 180 °C (th. 6). Beurrez un moule à tarte, puis étalez-y la pâte et garnissez-la de la crème d'amandes. Disposez les pommes dans la crème, face bombée vers le haut et enfournez pour 35 minutes.
5. Pour un résultat plus pâtissier, nappez la tarte de gelée de pommes avant de servir.

« À Monsieur de M… Paris, avenue de l'Alma, n° 67 : Je m'empresse, cher Monsieur, de dissiper vos légitimes inquiétudes ; les gâteaux sont arrivés, ils sont superbes et nous vous en remercions ; ils sont si beaux, que l'on est tenté de les faire encadrer. »

Marie Bashkirtseff,
Lettres,
1878

« André finissait, à son déjeuner, d'étaler de la confiture de groseilles, achetée chez un épicier, sur son pain ; cette gélatine dégoulinait sur la croûte en larmes poisseuses et rouges. André lança un coup de timbre et tandis que la bonne apportait le café, il la pria, lorsqu'elle aurait l'intention d'acheter au-dehors des confitures, de les prendre désormais aux cerises, aux prunes, aux abricots, aux poires, à tout ce qu'elle voudrait, excepté aux groseilles et aux fruits confits [...] »

Joris-Karl Huysmans,
En ménage,
1881

CONFITURES DES CÉLIBATAIRES PARISIENS

DES CONFITURES ACHETÉES CHEZ L'ÉPICIER : VOILÀ UN INDICE QUE L'ON SE TROUVE CHEZ UN CÉLIBATAIRE PARISIEN... ET EN EFFET, APRÈS AVOIR QUITTÉ SA FEMME QUI LE TROMPAIT, ANDRÉ N'A PLUS QUE SA BONNE, ET LA VIE PREND SOUDAIN LES ALLURES D'UN ENFER, SOUS LA PLUME D'UN JORIS-KARL HUYSMANS (1848-1907), IMPITOYABLE...

Confiture de cerises

POUR 6 POTS DE 250 G

PRÉPARATION ET CUISSON

1 HEURE 30

1 kg de cerises dénoyautées
750 g de sucre

Gelée de groseilles

POUR 8 POTS DE 250 G

PRÉPARATION ET CUISSON

50 MINUTES

3 kg de groseilles rouges
1 kg de sucre par kilo de jus obtenu

1. Faites fondre le sucre dans 50 cl d'eau dans une casserole à fond épais et mettez à bouillir 15 minutes. Jetez ensuite les cerises en pluie et laissez cuire 1 heure à feu moyen, en remuant souvent. Pour vous assurer qu'elle est cuite, faites-en refroidir un peu et prenez-la entre deux doigts : il faut qu'elle soit collante.
2. Mettez en pots et laissez refroidir avant de fermer.

1. Lavez et égouttez les groseilles, mettez-les dans une casserole à fond épais avec 20 cl d'eau, placée sur feu moyen. Remuez en écrasant les grains avec une écumoire, jusqu'à ébullition. Maintenez celle-ci pendant 3 minutes, puis retirez du feu.
2. Filtrez le jus et mesurez-le. Préparez du sucre à poids égal, versez le jus encore chaud dans une grande terrine, et ajoutez le sucre lentement en le versant en pluie et en remuant avec une cuillère en bois. Le sucre doit se dissoudre au fur et à mesure. Comptez 15 minutes par kilo de sucre. Remuez 5 minutes de plus. Mettez en pots, mais ne couvrez que 12 heures plus tard.

Les guinguettes des bords de Seine voient défiler les héros de Guy de Maupassant, les auberges en lisière de forêt accueillent le journaliste Rouletabille et les personnages d'Henry James, tandis qu'au château de Médan, le théâtre bâti par Maurice Maeterlinck pour Renée Dahon résonne d'accents dramatiques. À Milly-la-Forêt, Jean Cocteau se repose du soleil méditerranéen, tandis qu'à Bougival, l'écrivain russe Ivan Tourgueniev prend le frais sur le balcon de sa datcha. Point de silence dans la maison de Zola, à Médan, où la création ne se repose jamais, et où les écrivains se succèdent à la table d'Alexandrine, fin cordon-bleu...

CHAPITRE V

Guinguettes et bords de Seine

Guinguettes et bords de Seine

Fuir l'atmosphère cossue et parfois étouffante, au sens propre comme au figuré – de la capitale. Se livrer à des récréations bourgeoises, dans les guinguettes, les bals musettes... Établir sa demeure loin du tumulte dans une proche banlieue rassérénante. La capitale n'aurait-elle plus le monopole du cœur ? Le tumulte et la vacuité intra muros semblent en effet avoir lassé plus d'un artiste qui s'en est allé canoter dans l'Est parisien ou se fixer en périphérie. Les romanciers naturalistes privilégient ainsi les estaminets modestes, les guinguettes en bord de Marne ou de Seine, qui tirent leur nom du guinguet ou ginguet, un vin parisien. Parmi les plus célèbres de ces enseignes, on citera *La Grenouillère*, popularisée par le peintre impressionniste Claude Monet. On n'oubliera pas que Maigret traque un assassin à *La Guinguette à deux sous*. Mais surtout, on évitera les caboulots à tord-boyaux de *L'Assommoir*.

Associées à la matelote d'anguilles, au sauté de lapin, à la friture de Seine, que les écrivains s'approprient dès la sortie de Paris, les guinguettes seraient nées à la fin du XVIIe siècle, mais elles sont alors situées dans des villages plus tard avalés par la ville galopante : Montmartre, Belleville... Chez Guy de Maupassant, les bords de Seine se font dangereux pour la moralité des bourgeoises, chez Gustave Flaubert ils incarnent la promenade banale par excellence : « Un dimanche, ils se mirent en marche dès le matin et, passant par Meudon, Bellevue, Suresnes, Auteuil, tout le long du jour ils vagabondèrent entre les vignes, arrachèrent des coquelicots au bord des champs, dormirent sur l'herbe, burent du lait, mangèrent sous les acacias des guinguettes, et rentrèrent fort tard, poudreux, exténués, ravis. Ils renouvelèrent souvent ces promenades », écrit-il dans *Bouvard et Pécuchet*. Michel Zévaco, quant à lui, met en scène dans *Les Pardaillan* un ecclésiastique qui ne rêve que de vie séculaire, et de bombance : « "Frère Lubin, fit sévèrement le moine, si notre révérend et vénérable abbé, Mgr Sorbin de Sainte-Foi, a permis que vous quittassiez le couvent pour venir faire ripaille et bombance en cette auberge... [...] Maintenant, dressez-moi une petite table là, devant la porte de cette salle, car je me sens quelque appétit. – Que vous donnerai-je à dîner, mon cher frère? – La moindre des choses : une moitié de poularde, une friture de Seine, un pâté, une omelette et des confitures, avec quatre bouteilles de vin d'Anjou..." Le moine s'installa donc devant la porte, de façon que nul ne pût entrer sans sa permission. »

Loin des flonflons de Joinville, des guinguettes en goguette, d'autres écrivains préfèrent le calme, parfois le luxe d'un établissement moins grégaire. Nombre d'entre ces gens célèbres ont construit leur demeure à quelques encablures de la cité, mais jamais suffisamment loin pour l'oublier. Folies architecturales, nid d'aigle, repaire, palais, ces murs édifiés à la mesure du génie qui les habite transportent l'art de vivre parisien vers la banlieue. Alexandre Dumas érige le château de Monte-Cristo à Port-Marly, Émile Zola s'installe à Médan, Maurice Maeterlinck achète l'ancien pavillon de chasse d'Henri IV, Jean Cocteau prend maison à Milly-la-Forêt... Et l'esprit de Paname ne tarde pas à hanter les lieux. Ne retrouvet-on pas les fameux carreaux de Ponchon, chic ornement des cuisines parisiennes, dans celle de Zola à Médan ? « Zola, seriez-vous par hasard gourmand ? » demanda un jour Edmond Goncourt. « Oui, [...], c'est mon seul vice ; et chez moi, quand il n'y a pas quelque chose de bon à dîner, je suis malheureux, tout à fait malheureux. »

Les cuisines deviennent aussi importantes que les salons littéraires. À Paris, Jean Cocteau recevait dans la minuscule cuisine qui faisait office de salon. Trente-deux autoportraits de l'auteur des *Enfants terribles* ornent aujourd'hui sa cuisine de Milly-la-Forêt. Un village où il avait ses habitudes gourmandes. « À l'époque, à la boutique, on vendait de grandes boîtes en carton d'un kilo de bonbons à la menthe. Jean Cocteau venait régulièrement acheter son kilo de bonbons. Il achetait également de la menthe poivrée, spécialité des cultures de plantes de Milly, pour les infusions », se souvient l'herboriste Mauricette Clech dans *Jean Cocteau parmi nous*, d'Huguette Le Beau.

À Châtenay-Malabry, François-René de Chateaubriand ébauche ses *Mémoires d'outre-tombe*, dans lesquels il évoque plus d'un souvenir gourmand, au gré des vicissitudes de sa vie officielle : « Le jour de mon congé, j'avais au ministère un immense dîner privé ; il me fallut envoyer des excuses aux convives, et faire replier dans ma petite cuisine à deux maîtres trois grands services préparés pour quarante personnes. Montmirel et ses aides se mirent à l'ouvrage, et, nichant casseroles, lèchefrites et bassines dans tous les coins, il mit son chef-d'œuvre réchauffé à l'abri. » À Vulaines-sur-Seine, dans une très jolie auberge aujourd'hui musée dédié au poète, Stéphane Mallarmé rend compte de menus titrés « Dîners de famille » dans son journal, *La Dernière Mode* : « Potage Germiny. – Beurre crevettes, anchois et olives. – Cabillaud à la Hollandaise, Cuissot de pré-salé à la Bretonne, Ris de veau à la sauce tomate. – Perdreaux rôtis, Salade de scaroles, Concombres frais à la crème, Petites caisses de Soufflés au chocolat. »

Les spécialités d'Île-de-France, quant à elles, inspirèrent nombre d'écrivains, à commencer par le brie, dont le poète Saint-Amand, au XVIIe siècle, loua les qualités, non sans humour : « Quel goût rare et délicieux ! / Qu'au prix de lui ma fantaisie / Incague la sainte Ambroisie ! / Ô doux Cottignac de Baccus / Fromage, que tu vaux d'écus ! / Je veux que ta seule mémoire / Me provoque jamais à boire. » Confit de pétales de roses, cher à la cuisine du Moyen Âge, confectionné à Provins, cerises de Montmorency, grandies non loin de la maison de Jean-Jacques Rousseau, les terres inconnues qui bordent la capitale continuent plus que jamais à inspirer artistes et écrivains soucieux de « manger du vert » !

« Paul donnait le bras à Aline, et tous deux marchaient d'un pas très vif bien en avant des autres. Ce n'était pourtant pas la terrasse du père Kontzen ni ses fritures croustillantes qui les attiraient. Non, les beaux vers qu'ils venaient d'entendre les avaient emportés très haut, et ils n'étaient pas encore redescendus. Jamais Paul ne s'était senti aussi heureux. »

Alphonse Daudet,
La Famille Joyeuse,
1877

FRITURE

Aline Joyeuse, dite Bonne-maman pour ses trois sœurs et son père, avait renoncé à convoler en justes noces pour s'occuper de sa famille. Préparer les repas, veiller à l'éducation de l'une, à la santé de l'autre, voilà qui suffisait (presque) à son bonheur. Mais c'est qu'Alphonse Daudet (1840-1897) aime presque toujours les histoires qui finissent bien – sauf pour la chèvre de M. Seguin – alors Aline rencontre Paul, poète de talent, et les rives de la Seine prennent soudain des allures de Champs-Élysées.

POUR 4 PERSONNES
PRÉPARATION 20 MINUTES
CUISSON 30 MINUTES

500 g d'éperlans
200 g de farine
1 bain de friture
Sel, poivre

1. Rincez les éperlans dans une passoire, éliminez les poissons incomplets le cas échéant. Séchez-les dans un torchon.
2. Versez la farine dans un grand saladier, puis les éperlans, et mélangez délicatement pour que chaque poisson soit enrobé de farine.
3. Faites chauffer le bain de friture, puis plongez les éperlans dans l'huile chaude par petites quantités, 5 minutes environ, jusqu'à ce qu'ils prennent une belle couleur dorée. Sortez-les avec une écumoire et égouttez-les sur du papier absorbant. Salez, poivrez.

Conservez-les au chaud jusqu'à la dégustation, et accompagnez-les d'une petite mayonnaise à votre goût et de quartiers de citron.

« Léon se laissa faire et bien lui en prit ; il n'y avait pas un convive qui ne fût capable de lui verser le potage dans son gilet plutôt que d'y goûter avant lui.
– Mère, s'écria Léon la cuiller à la main, voici la première fois, depuis trois ans, que je mange de la bonne soupe !
Mme Renault se sentit rougir d'aise et Gothon cassa quelque chose ; l'une et l'autre imaginèrent que l'enfant parlait ainsi pour flatter leur amour-propre, et pourtant il avait dit vrai. Il y a deux choses en ce monde que l'homme ne trouve pas souvent hors de chez lui : la bonne soupe est la première ; la deuxième est l'amour désintéressé. »

Edmond About,
L'Homme à l'oreille cassée,
1862

BRUNOISE AUX QUENELLES

IMAGINEZ UN INSTANT QUELLE SERAIT VOTRE SURPRISE SI VOUS VOUS RÉVEILLIEZ D'UNE PROFONDE LÉTHARGIE AU BOUT DE QUELQUE QUARANTE-SIX ANS DANS UNE PAISIBLE DEMEURE DE FONTAINEBLEAU. FOUGAS NE DOIT EN EFFET SA RÉSURRECTION QU'À L'AUDACE DE LÉON QUI, SOUS LA PLUME D'EDMOND ABOUT (1828-1885), SE PRÊTE À DE BIEN CURIEUSES EXPÉRIENCES ET QUI ADORE LA SOUPE.

POUR 6 PERSONNES
PRÉPARATION 30 MINUTES
CUISSON 25 MINUTES

2 carottes
2 oignons
2 navets
1 poireau
1 branche de céleri
1 cube de bouillon de volaille

Pour les quenelles
200 g de blanc de volaille
15 cl de lait
1 jaune d'œuf
1 tranche de pain de mie
Noix muscade
Sel, poivre

1. Préparez les légumes : épluchez les carottes, les oignons et les navets, puis coupez-les en petits cubes. Lavez et émincez le plus finement possible le poireau et le céleri.
2. Dans une grande cocotte, mettez à fondre le cube de bouillon dans 2 litres d'eau. Lorsque l'eau bout, versez tous les légumes et laissez cuire à petite ébullition 15 minutes environ.
3. Pendant ce temps, préparez les quenelles. Faites tremper la tranche de pain de mie dans le lait, puis coupez en morceaux les blancs de volaille. Mettez le tout dans le bol d'un robot et hachez finement. Incorporez le jaune d'œuf, salez, poivrez, ajoutez une pincée de muscade.
4. À l'aide d'une cuillère à soupe, formez des quenelles de petite taille en les roulant sur elles-mêmes. Portez une casserole d'eau à ébullition et faites-y pocher les quenelles 10 minutes.
5. Servez la brunoise en ajoutant 3 à 4 quenelles dans chaque assiette, et accompagnez de tranches de pain grillé.

BRIOCHES AUX COURGETTES DE SÉNART

François aime Marthe, mais Marthe est mariée, qui plus est avec un soldat parti au front. Jeunesse, amour, guerre et tragédie, pour ce roman mythique écrit par un jeune homme de 19 ans, Raymond Radiguet (1903-1923). Pour être romantique, il faut vivre d'amour et d'eau fraîche ; c'est compter sans la mère de François, à qui son fils a raconté qu'il partait randonner avec un ami... Le panier en sera quitte pour être caché derrière un buisson.

POUR 6 BRIOCHES
PRÉPARATION 30 MINUTES, LA VEILLE, 15 MINUTES LE JOUR MÊME
CUISSON 30 MINUTES

300 g de farine de blé complet
5 œufs
15 cl de lait
150 g de beurre ramolli + 1 noix pour la plaque
4 courgettes
150 g de poitrine fumée
1 sachet de levure de boulanger
1 c. à café de sel

1. Préparez le levain : mélangez soigneusement dans une terrine 75 g de farine, la levure et la moitié du lait, jusqu'à former une boule un peu molle. Mettez 50 cl d'eau à chauffer et, quand elle est tiède, jetez-y la boule de levain : elle va doubler de volume en 1 heure.
2. Ce temps passé, versez le reste de farine dans une grande terrine, ajoutez le reste de lait, puis le sel. Incorporez 4 œufs un à un en mélangeant bien à chaque étape, afin d'éviter les grumeaux, puis le levain. Pétrissez la pâte en la soulevant, repliez-la sur elle-même, étirez-la longuement, puis ajoutez le beurre en le tartinant petit à petit sur la pâte. Pétrissez à nouveau la pâte puis, lorsqu'elle est bien homogène, déposez-la dans la terrine et couvrez d'un torchon. Laissez reposer jusqu'au lendemain : elle aura alors doublé de volume.
3. Le lendemain, lavez et émincez les courgettes, puis coupez la poitrine fumée en petits morceaux. Incorporez les lardons dans la pâte à brioche, en prenant garde de bien les répartir.
4. Préchauffez le four à 200 °C (th. 7). Formez 6 brioches rondes, puis glissez les tranches de courgettes dans la pâte à intervalles réguliers, en laissant dépasser seulement le haut des tranches.
5. Beurrez une plaque à pâtisserie, puis disposez-y les brioches. Battez le dernier œuf dans une tasse, et badigeonnez-en les brioches généreusement, avec un pinceau alimentaire. Enfournez 30 minutes, puis emportez vos brioches en pique-nique !

« À dîner, j'annonçai à mes parents que j'entreprendrais le lendemain avec René une longue promenade dans la forêt de Sénart. [...] À peine avais-je fait part de ce projet à ma mère, qu'elle voulut préparer elle-même un panier rempli de provisions, pour la route. J'étais consterné, ce panier détruisait tout le romanesque et le sublime de mon acte. Moi qui goûtais d'avance l'effroi de Marthe quand j'entrerais dans sa chambre, je pensais maintenant à ses éclats de rire en voyant paraître ce prince charmant, un panier de ménagère à son bras. »

Raymond Radiguet,
Le Diable au corps,
1923

« Ils étaient arrivés en face d'une sorte de guinguette en planches qui, le dimanche, était entourée d'une foule avide de s'ébattre dans l'herbe et de manger des choses froides en écoutant le phonographe. »

Georges Simenon,
Les Clients d'Avrenos,
1935

SALADE DE CRESSON DES GUINGUETTES

Quels liens unissent Nouchi, l'entraîneuse de 18 ans, et Bernard de Jonsac, ce Français d'une quarantaine d'années que tout le monde croit diplomate ? Quels mystères se cachent derrière leur errance aux parfums d'insouciance ? Dans un décor de région parisienne reconstitué dans ses moindres détails, Georges Simenon (1903-1989) mène la danse au milieu de héros qui cachent de nombreux secrets.

POUR 4 PERSONNES
PRÉPARATION 30 MINUTES
CUISSON 8 MINUTES

400 g de cresson (3 bottes moyennes)
3 œufs
100 g de pignons
3 c. à soupe d'huile de tournesol
1 c. à soupe de vinaigre de cidre
1 c. à café de moutarde
Sel, poivre

1. Faites chauffer une casserole d'eau. Lorsque l'eau bout, déposez-y les œufs avec précaution et laissez cuire 8 minutes.
2. Lavez le cresson et essorez-le soigneusement.
3. Dans un saladier, préparez la vinaigrette en mélangeant l'huile, le vinaigre et la moutarde. Salez, poivrez.
Ajoutez les pignons et le cresson.
4. Écalez les œufs, séparez les jaunes des blancs et coupez les blancs en petits morceaux. Ajoutez-les dans la salade et mélangez. Écrasez les jaunes en purée.
5. Servez à l'assiette en saupoudrant la salade de jaune d'œuf.
Sur cette base de salade traditionnelle, vous pouvez ajouter au gré de votre imagination des morceaux de pomme, de betterave, de fromage de chèvre, mais aussi des fruits secs (noix, noisettes, amandes…).

Les meilleurs Orchestres

« Rouletabille s'empara des œufs qu'on lui apporta dans un bol et de la viande qu'on lui servit sur un plat, plaça le tout précautionneusement à côté de lui, dans la cheminée, décrocha une poêle et un gril pendus dans l'âtre et commença de battre notre omelette en attendant qu'il fît griller notre bifteck. Il commanda encore à l'homme deux bonnes bouteilles de cidre et semblait s'occuper aussi peu de son hôte que son hôte s'occupait de lui. L'homme tantôt le couvait des yeux et tantôt me regardait avec un air d'anxiété qu'il essayait en vain de dissimuler. Il nous laissa faire notre cuisine et mit notre couvert auprès d'une fenêtre. »

Gaston Leroux,
Le Mystère de la chambre jaune,
1907

OMELETTE ROULETABILLE

Qui a voulu tuer Mlle Stangerson, et surtout comment l'agresseur a-t-il pu s'enfuir d'une pièce fermée de l'intérieur ? C'est toute la question à laquelle tente de répondre Joseph Rouletabille, jeune reporter, dans ce mythique roman policier écrit par Gaston Leroux (1868-1927) : au château du Glandier, près de Sainte-Geneviève-des-Bois, les volets de la chambre jaune semblent narguer le détective en herbe. Une chose est sûre : « Le presbytère n'a rien perdu de son charme, ni le jardin de son éclat. »

POUR 4 PERSONNES
PRÉPARATION 15 MINUTES
CUISSON 15 MINUTES

8 œufs
30 g de beurre
2 c. à soupe de crème épaisse
1 tranche de lard
Poivre

1. Faites fondre le beurre dans une poêle à bords hauts et répartissez-le bien sur la totalité de la surface.
2. Cassez les œufs et battez-les au fouet à main ou au batteur électrique jusqu'à ce qu'ils moussent. Ajoutez la crème au cours de l'opération. Poivrez.
3. Versez les œufs dans la poêle chaude et baissez la flamme. Émincez la tranche de lard en fines tranches et parsemez-en l'omelette en les répartissant régulièrement.
4. Au fur et à mesure de la cuisson, faites passer les œufs encore crus sous les œufs cuits en détachant délicatement l'omelette de la poêle, ce qui lui donnera une belle allure rustique.

Servez l'omelette retournée ou enroulée à votre convenance, et accompagnée d'une belle salade, pourquoi pas d'épinards et de mâche mélangée ?

« Une servante étant venue, on commanda le déjeuner. “Une friture de Seine, un lapin sauté, une salade et du dessert”, articula Mme Dufour, d’un air important. “Vous apporterez deux litres et une bouteille de bordeaux”, dit son mari. “Nous dînerons sur l’herbe”, ajouta la jeune fille. »

Guy de Maupassant,
Une Partie de campagne,
1881

SAUTÉ DE LAPIN

SOUS LA PLUME IMPITOYABLE DE GUY DE MAUPASSANT (1850-1893), LES BOURGEOISES CÈDENT AUX AVANCES DES CANOTIERS ET LES JEUNES FILLES EN FLEUR SE LAISSENT SÉDUIRE ALORS QU'ELLES SONT FIANCÉES… !

POUR 6 PERSONNES
PRÉPARATION 30 MINUTES
CUISSON 1 HEURE

1 lapin de 2 kg environ
1 tranche de poitrine fumée
200 g de champignons de Paris
2 carottes
6 oignons
4 gousses d'ail
25 cl de vin blanc sec
50 g de beurre
20 g de persil
Sel, poivre

1. Faites découper le lapin en morceaux par votre boucher. Dans une grande cocotte, mettez le beurre à fondre, puis faites-y revenir les morceaux de lapin sur toutes leurs faces sans qu'ils attachent, 5 minutes environ. Salez, poivrez.
2. Épluchez et émincez finement les oignons et l'ail. Égouttez les morceaux de lapin à l'aide d'une écumoire et réservez-les sur une assiette. Jetez alors les oignons et l'ail dans la cocotte et faites-les revenir une dizaine de minutes en remuant fréquemment, jusqu'à ce que les oignons deviennent translucides.
3. Pendant ce temps, épluchez et émincez les champignons et les carottes, coupez en lamelles la poitrine fumée.
4. Lorsque les oignons sont cuits, ajoutez les champignons, les carottes et la poitrine fumée dans la cocotte, remuez soigneusement. Couvrez et laissez mijoter une dizaine de minutes à feu moyen.
5. Ajoutez les morceaux de lapin, versez le vin blanc et laissez cuire 45 minutes à feu doux. Au moment de dresser le plat, parsemez de persil ciselé. Servez avec des pommes de terre vapeur pour la tradition, du riz ou des tagliatelles pour la modernité.

CÔTELETTES DE VEAU À L'OSEILLE

Quand Paris change le cours d'une vie... Déterminé à ramener le fils de sa fiancée dans le giron maternel en Amérique, Lewis Lambert Strether n'avait pas prévu que la capitale française et sa vie trépidante exerceraient sur lui une telle fascination. Grands restaurants, spectacles inouïs, la vieille Europe séduisit de la même façon son père de plume Henry James (1843-1916), qui de naissance américaine, finit par se faire naturaliser anglais ! Presque égaré dans la grande banlieue, son héros n'en a pas pour autant perdu l'appétit.

POUR 4 PERSONNES

PRÉPARATION 40 MINUTES

CUISSON 30 MINUTES

4 côtelettes de veau
500 g de carottes
2 bottes d'oseille
(200 g environ)
100 g de beurre
50 g de farine
2 citrons
20 g de persil
2 biscottes
Sel, poivre

1. Épluchez les carottes, coupez-les en rondelles. Lavez le persil, conservez les feuilles et tiges entières. Faites fondre 50 g de beurre et mettez-y les carottes à cuire avec la moitié du persil, à petit feu, 20 minutes environ. Salez, poivrez.
2. Dans un plat creux, versez la farine, salez, poivrez. Passez les côtelettes dans ce mélange et gardez le reste de farine.
3. Pressez les citrons, mixez le reste du persil avec les biscottes.
4. Dans une grande poêle, faites chauffer le reste de beurre, et poêlez les côtelettes 5 minutes de chaque côté, puis ôtez-les de la poêle et réservez-les hors du feu.
5. Versez le beurre de cuisson dans une petite casserole, ajoutez le jus de citron et la farine de panure, puis remuez au fouet jusqu'à l'obtention d'une sauce onctueuse. Ajoutez 15 cl d'eau et portez à ébullition 1 minute, sans cesser de remuer.
6. Dans une cocotte, versez cette sauce, puis disposez les côtelettes, couvrez et laissez cuire 15 minutes à feu moyen.
7. Lavez l'oseille et essorez-la bien. Faites-la revenir 5 minutes dans la poêle que vous avez utilisée pour les côtelettes, avec un peu d'eau, pour qu'elle reste bien croquante. Ajoutez dessus la chapelure au persil.
8. Servez les côtelettes sur un lit de carottes au persil, nappées de sauce et accompagnées de leur oseille.

« Finalement, il était redescendu dans la vallée pour se tenir à portée des gares et des trains, le visage tourné vers le quartier de l'horizon d'où il était venu ; et c'était ainsi qu'il s'était enfin arrêté devant l'hôtesse du Cheval Blanc qui, avec un rude empressement, pareil à un tumulte de sabots de bois sur la pierre, n'avait pas tardé à tomber d'accord avec lui sur une côtelette de veau à l'oseille et sur la promesse d'une voiture, ensuite. [...] Monsieur pouvait, en attendant, s'il lui plaisait, passer au jardin, comme cela se présentait, où elle lui servirait, s'il le désirait (car ce n'était pas les tables ni les bancs qui manquaient) un "bitter" avant le repas. »

Henry James,
Les Ambassadeurs,
1903

POULE AU POT

Prix Nobel de littérature en 1911, architecte de la flamboyante villa Orlamonde à Nice, le très singulier poète Maurice Maeterlinck (1862-1949), qui ne sut jamais choisir entre deux femmes, égrène dans ses souvenirs de somptueuses scènes gastronomiques, qui font écho à la célèbre madeleine de Proust. Propriétaire du château de Médan, dans lequel il fit construire un véritable théâtre pour Renée Dahon et Georgette Leblanc, ses deux inspiratrices, il y cultiva de nombreux arbres fruitiers, en souvenir de son père.

POUR 8 PERSONNES

PRÉPARATION 45 MINUTES

CUISSON 2 HEURES 45

1 poule fermière de 2,5 kg environ avec le foie, le gésier et le cœur
200 g de jambon de pays
500 g de carottes
500 g de navets
250 g de panais
1/4 de chou vert
3 poireaux
4 oignons
3 gousses d'ail
2 branches de céleri
3 tranches de pain de mie
20 cl de lait
2 œufs
1 c. à soupe d'armagnac
20 g de persil plat
1 bouquet garni
Noix muscade
8 clous de girofle
Sel, poivre

1. Dans une marmite, portez à ébullition 3 litres d'eau avec 1 cuillerée à café de sel et le bouquet garni, puis plongez-y la poule pendant 15 minutes environ (pour confectionner un premier bouillon). Réservez-la.
2. Pendant ce temps, émiettez le pain de mie dans le lait, puis essorez-le et mettez-le dans le bol d'un mixeur ainsi que les abats de la poule, une pincée de noix muscade et les gousses d'ail pelées. Mixez finement, salez, poivrez. Hachez en purée grossière le jambon de pays et le persil. Dans une terrine, mélangez les deux hachis, puis ajoutez l'armagnac et les œufs. Mélangez bien.
3. Farcissez la poule de ce hachis, bridez-la, puis réservez-la sur un plat.
4. Versez la moitié du bouillon dans une grande cocotte, puis remplissez à nouveau d'eau la marmite pour remettre à niveau.
5. Épluchez les oignons, les carottes, les navets et les panais. Lavez et coupez en morceaux le céleri ainsi que les poireaux et le chou. Piquez les oignons de clous de girofle et mettez-en deux dans chaque marmite ; partagez de la même façon les poireaux, le céleri et le chou.
6. Remettez la poule à cuire dans sa marmite, et les légumes dans la cocotte. Faites cuire les légumes 20 minutes, la poule 2 heures 30. Servez avec des cornichons, de la moutarde à l'ancienne et des tranches de pain de campagne.

RESTAURANT
LA
BOHEME

« Un matin, en descendant l'escalier, je rencontre la cuisinière qui m'apprend que mes parents ne sont pas à la maison, qu'ils sont partis sans dire où ils allaient : [...]
– Madame a oublié de donner des ordres pour le déjeuner ; ils ne rentreront sans doute que le soir ; que faut-il faire ?
– D'abord une poule au pot avec beaucoup de céleri et des cornichons, ensuite de la crème au chocolat avec des macarons, ensuite une douzaine de gaufres à la vanille, ensuite douze beignets aux pommes, ensuite...
– Cela suffira. Je vais mettre la poule au pot et, pour le reste, j'attendrai le retour de madame. »

Maurice Maeterlinck,
Bulles bleues,
1949

« – Au fond, la sagesse ce serait de vivre comme ça, assez près de Paris pour y venir, quand il faut, et assez loin pour être chez soi, au grand air. […]
Au bruit de la clochette, Mme Ambrat, sur le seuil de la maison, parut… Elle agitait le bras en signe d'accueil, hâtait sa marche alerte.
– Pourquoi n'êtes-vous pas venus déjeuner ? Il y avait un de ces porcs aux haricots blancs !… et le petit vouvray, que M. Boisselot ne déteste pas… »

Victor Margueritte,
La Garçonne,
1922

RAGOÛT DE VAUCRESSON

PUISQUE SON FIANCÉ L'A TROMPÉE, MONIQUE DÉCIDE DE MENER UNE VIE INDÉPENDANTE. OUI MAIS, NOUS SOMMES EN 1922, ET SI LE ROMAN SE VENDIT À 600 000 EXEMPLAIRES, IL COÛTA À SON AUTEUR SA LÉGION D'HONNEUR. UNE HÉROÏNE QUI REFUSAIT DE FAIRE LA CUISINE, FUMAIT ET MENAIT LA VIE AMOUREUSE DE SON CHOIX, VOILÀ QUI FAISAIT BEAUCOUP… VICTOR MARGUERITTE (1866-1942), QUI AVAIT PROJETÉ D'APPELER SON LIVRE *TOUTE NUE*, VENAIT DE LANCER LE STYLE GARÇONNE, UN MODE DE PENSÉE PLUS ENCORE QU'UN MODE DE VIE !

POUR 6 PERSONNES
PRÉPARATION 5 MINUTES LA VEILLE, 30 MINUTES LE JOUR MÊME
CUISSON 45 MINUTES

1,5 kg d'échine de porc désossée
150 g de lard
1 kg de haricots blancs
3 carottes
2 oignons
50 g de beurre
1 bouquet garni
Sel, poivre

1. La veille, mettez les haricots à tremper dans de l'eau. Découpez la viande en carrés de 8 cm de côté environ (ou demandez à votre boucher de le faire).
2. Le jour même, mettez le beurre à fondre dans une grande cocotte. Épluchez et émincez les oignons et les carottes, jetez-les dans le beurre et faites-les revenir une dizaine de minutes. Salez, poivrez.
3. Ajoutez la viande et faites-la dorer de tous les côtés.
4. Émincez le lard, puis ajoutez-les dans la cocotte avec les haricots égouttés.
5. Couvrez d'eau, ajoutez le bouquet garni, remuez et laissez mijoter 45 minutes à petite ébullition. Retirez le bouquet garni avant de servir, accompagné de tartines grillées.

PETITS POIS À LA STENDHAL

Boissaux a décidé de faire partie du Tout-Paris et dans sa somptueuse demeure de Viroflay, il reçoit le gratin parisien. Mais l'homme qui se pique d'intellectualisme et possède une bibliothèque de premier choix se trompe de cible : c'est l'estomac de ses invités qu'il doit conquérir d'abord ! Et sous la plume cruelle d'Henry Beyle, dit Stendhal (1783-1842), le jeune peintre Féder courtise Mme Boissaux et conseille habilement son mari. Aucune morale quand il est question de séduire…

POUR 6 PERSONNES

PRÉPARATION 25 MINUTES

CUISSON 25 MINUTES

2 kg de petits pois frais
1 carotte
1 oignon
100 g d'épinards frais
80 g de beurre
6 tranches de pain
1 cube de bouillon de volaille
Sel, poivre

1. Écossez les petits pois. Épluchez l'oignon et la carotte, puis émincez-les finement.
2. Mettez 50 g beurre à fondre dans une grande cocotte et faites-y revenir l'oignon jusqu'à ce qu'il soit translucide, 10 minutes environ. Ajoutez alors la carotte. Remuez, salez, poivrez.
3. Ajoutez le cube de bouillon de volaille, puis 2 litres d'eau, faites dissoudre le cube, puis ajoutez les petits pois et laissez cuire 15 minutes environ.
4. Lavez les épinards. Cinq minutes avant la fin de la cuisson, ajoutez-les dans la cocotte.
5. Tartinez de beurre les tranches de pain et passez-les sous le gril du four avant de servir.

« – Jamais de la vie les gens qui viennent dîner chez vous ne diront le soir, à leur retour à Paris : “Ce Boissaux possède un Voltaire dont la reliure ferait honneur à la bibliothèque de l'Anglais le plus riche.” Mais ils diront fort bien, dans la saison des primeurs : “Les petits pois que nous avons eus aujourd'hui chez Boissaux étaient déjà bien formés et pleins de goût.” […] Nous devons faire un aveu bien plus pénible : plusieurs fois Féder se leva à 6 heures du matin et courut à la halle, après avoir pris dans son cabriolet un cuisinier émérite qui, sous sa direction, achetait pour les dîners de Viroflay ces plats que l'on peut dire uniques. Durant plusieurs mois, Féder fit des miracles en ce genre. »

Stendhal,
Féder ou le Mari d'argent,
1839

« À quatre heures, Vatel va partout, il trouve tout endormi. Il rencontre un petit pourvoyeur qui lui apportait seulement deux charges de marée ; il lui demanda : "Est-ce là tout ?" Il lui dit : "Oui, monsieur." Il ne savait pas que Vatel avait envoyé à tous les ports de mer. Il attend quelque temps ; les autres pourvoyeurs ne viennent point ; sa tête s'échauffait. Il croit qu'il n'y aura plus d'autre marée ; il trouve Gourville, et lui dit : "Monsieur, je ne survivrai pas à cet affront-ci ; j'ai de l'honneur et de la réputation à perdre." Gourville se moqua de lui. Vatel va à sa chambre, met son épée contre la porte, et se la passe au travers du corps, mais ce ne fut qu'au troisième coup, car il s'en donna deux qui n'étaient pas mortels ; il tombe mort. La marée cependant arrive de tous côtés. »

Mme de Sévigné,
Lettre à Mme de Grignan,
26 avril 1671

COQUILLES À LA VATEL

SANS MME DE SÉVIGNÉ (1626-1696), SES LETTRES SUR LES VERTUS DU CHOCOLAT, LES DÎNERS EN COMPAGNIE DU SURINTENDANT FOUQUET, LES ANNONCES DE GRANDS MARIAGES, DES PANS ENTIERS DE LA VIE LITTÉRAIRE À PARIS NOUS EUSSENT ÉTÉ DÉROBÉS...

POUR 6 PERSONNES
PRÉPARATION 30 MINUTES
CUISSON 30 MINUTES

500 g de poisson blanc (de type colin)
1 carotte
1 oignon
1 échalote
150 g de champignons
100 g de beurre
25 cl de lait
100 g de gruyère
50 g de farine
20 g de persil
1 c. à café de noix muscade râpée
Sel, poivre

1. Rincez le poisson, effeuillez-le grossièrement. Épluchez l'oignon, la carotte et l'échalote, émincez-les finement.
2. Dans une cocotte, faites fondre 50 g de beurre, puis laissez revenir ces légumes une dizaine de minutes. Salez, poivrez.
3. Lavez et hachez le persil, émincez les champignons en pelures fines. Ajoutez-les dans la cocotte ainsi que la muscade et mélangez bien.
4. Couvrez à peine d'eau, ajoutez les morceaux de poisson effeuillés et laissez cuire à petit feu 15 minutes environ.
5. Dans une casserole, faites fondre le reste de beurre, ajoutez la farine et mélangez à la fourchette en éliminant les grumeaux. Toujours sur le feu, ajoutez le lait petit à petit, et remuez au fouet jusqu'à ce que la sauce épaississe. Salez, poivrez.
6. Répartissez la préparation au poisson dans des coquilles, nappez de sauce blanche et saupoudrez de gruyère.
7. Passez les coquilles sous le gril du four 5 minutes avant de servir.

MATELOTE D'ANGUILLE

Si Frédéric Moreau dîne en compagnie de la charmante Rosanette, c'est malheureusement à une autre qu'il pense. Marie Arnoux, dont il est éperdument amoureux, est l'épouse d'un riche marchand d'art et ne saurait avoir un regard pour le jeune ambitieux. Mais le climat révolutionnaire de Paris pourrait bien réserver quelques surprises aux héros du roman de Gustave Flaubert (1821-1880), maître en écriture d'Émile Zola ou de Guy de Maupassant…

POUR 6 PERSONNES

PRÉPARATION 30 MINUTES

CUISSON 50 MINUTES

1 anguille de 800 g environ
1 carotte
1 oignon
12 petits oignons blancs
300 g de petits champignons de Paris
1 branche de céleri
130 g de beurre
75 cl de vin blanc sec
1 bouquet garni
2 c. à soupe de farine
Sel, poivre

1. Demandez à votre poissonnier de préparer l'anguille et de la couper en tronçons de 15 cm environ. Épluchez la carotte et l'oignon, puis émincez-les finement, ainsi que la branche de céleri.
2. Dans une grande cocotte, faites fondre 50 g de beurre, puis ajoutez la carotte, l'oignon et le céleri, ainsi que le bouquet garni. Laissez revenir 5 minutes en remuant, puis ajoutez l'anguille et faites revenir les morceaux à feu doux 5 minutes, en prenant garde qu'ils n'accrochent pas. Salez, poivrez. Ajoutez le vin blanc, et laissez cuire à petite ébullition 30 minutes.
3. Pendant ce temps, épluchez les petits oignons. Mettez 30 g de beurre à fondre dans une casserole et faites-y revenir les oignons une dizaine de minutes, jusqu'à ce qu'ils se colorent. Couvrez d'eau et laissez cuire 15 minutes.
4. Lavez les champignons et éliminez leur pied sableux. Dans une poêle, faites fondre le reste de beurre et mettez les champignons entiers à revenir 10 minutes en les remuant souvent.
5. Lorsque le poisson est cuit, filtrez le jus de cuisson au-dessus d'une casserole et réservez l'anguille et les légumes sur un plat. Ajoutez la farine dans le bouillon, remuez au fouet et portez à ébullition 2 minutes, pour lier la sauce. Salez, poivrez.
6. Remettez dans la cocotte l'anguille, la garniture, les petits oignons et les champignons. Éliminez le bouquet garni. Servez bien chaud, nappé de sauce, ou en proposant la sauce à part.

ELZA

RESTAURANT
L'ANGÉLUS

« Ce soir-là, ils dînèrent dans une auberge, au bord de la Seine. La table était près de la fenêtre, Rosanette en face de lui ; et il contemplait son petit nez fin et blanc, ses lèvres retroussées, ses yeux clairs, ses bandeaux châtains qui bouffaient, sa jolie figure ovale. Sa robe de foulard écru collait à ses épaules un peu tombantes ; et, sortant de leurs manchettes tout unies, ses deux mains découpaient, versaient à boire, s'avançaient sur la nappe. On leur servit un poulet avec les quatre membres étendus, une matelote d'anguilles dans un compotier en terre de pipe, du vin râpeux, du pain trop dur, des couteaux ébréchés. Tout cela augmentait le plaisir, l'illusion. Ils se croyaient presque au milieu d'un voyage, en Italie, dans leur lune de miel. »

Gustave Flaubert,
L'Éducation sentimentale,
1869

« Une vingtaine de petites filles, conduites par une manière de religieuse, vinrent, les unes s'asseoir, les autres folâtrer assez près de nous. Durant leurs jeux, vint à passer un oublieur avec son tambour et son tourniquet, qui cherchait pratique : je vis que les petites filles convoitaient fort les oublies, et deux ou trois d'entre elles, qui apparemment possédaient quelques liards, demandèrent la permission de jouer. »

Jean-Jacques Rousseau, ***Rêveries d'un promeneur solitaire,*** 1776

OUBLIES DE JEAN-JACQUES ROUSSEAU

PERSONNAGES PITTORESQUES, LES MARCHANDS D'OUBLIES AMEUTAIENT LES PASSANTS, LEUR ÉTAL AU BRAS, ET RÉPANDAIENT DE SAVOUREUSES ODEURS DANS LES RUES DE LA CAPITALE ET LES PARCS ENVIRONNANTS, JUSQU'À LEUR INTERDICTION PAR UNE ORDONNANCE DE POLICE EN 1722... JEAN-JACQUES ROUSSEAU (1712-1778) RACONTE CETTE SCÈNE DU BOIS DE BOULOGNE DANS SES *RÊVERIES DU PROMENEUR SOLITAIRE*...

POUR UNE VINGTAINE D'OUBLIES
PRÉPARATION 20 MINUTES
CUISSON 15 À 40 MINUTES

250 g de farine
100 g de miel
2 œufs
100 g de beurre

1. Dans une petite casserole, faites fondre 50 g beurre, puis ajoutez le miel et 2 cuillerées à soupe d'eau. Remuez au fouet jusqu'à ce que le mélange soit onctueux.
2. Versez la préparation dans une terrine, puis ajoutez les œufs et battez à nouveau, jusqu'à ce que le mélange blanchisse.
3. Ajoutez la farine progressivement en remuant à la fourchette, jusqu'à former une boule de pâte assez lisse. Confectionnez une vingtaine de petites boules avec une cuillère à soupe.
4. Pour la cuisson, vous avez plusieurs possibilités. Si vous disposez d'un gaufrier, procédez comme pour la cuisson des gaufres en beurrant le gaufrier, puis en saisissant les pâtisseries 3 à 4 minutes. Vous pouvez également faire cuire les oublies dans des moules à croque-monsieur individuels (même temps de cuisson), ou bien au four en les aplatissant au rouleau à pâtisserie et en les tartinant de beurre (15 minutes à 180 °C, th. 6).
5. Dès la fin de la cuisson, si vous le souhaitez, enroulez les pâtisseries sur elles-mêmes en forme de cornet et laissez-les refroidir ou bien dégustez-les immédiatement.

« En effet, le préfet m'avait envoyé : dix barriques de vin rouge, deux d'eau-de-vie, trente mille œufs rangés dans des caisses pleines de chaux et de son, cent sacs de café, vingt boîtes de thé, quarante caisses de biscuits Albert, mille boîtes de conserves et quantité d'autres choses.
M. Menier, le grand chocolatier, m'avait envoyé cinq cents livres de chocolat. Un de mes amis, minotier, m'avait fait don de vingt sacs de farine, dont six de farine de maïs. Ce minotier était celui qui m'avait demandée en mariage quand j'étais au conservatoire Félix Potin ; mon voisin de jadis quand j'habitais 11, boulevard Malesherbes avait répondu à mon appel et m'avait envoyé deux tonneaux de raisins secs, cent boîtes de sardines, trois sacs de riz, deux sacs de lentilles et vingt pains de sucre. »

Sarah Bernhard,
Ma Double Vie,
1907

MOUSSE AU CHOCOLAT SARAH BERNHARDT

PENSIONNAIRE AU COUVENT DE GRAND-CHAMPS, À AUTEUIL, LA JEUNE SARAH (1844-1923), QUI DEVAIT DEVENIR LA COMÉDIENNE LA PLUS CONNUE DE SON ÉPOQUE JUSQU'AU FAR WEST (!), NE VOULUT JAMAIS RENONCER À SA PASSION POUR LE CHOCOLAT. LA MÈRE SUPÉRIEURE DE L'ÉTABLISSEMENT DUT CONSENTIR À CE QUE LA JEUNE FILLE PUISSE EN MANGER À SA CONVENANCE, CE QUI N'ÉTAIT PAS PERMIS À TOUTES LES PENSIONNAIRES. MÊME LORSQUE PARIS FUT ASSIÉGÉ, EN 1870, ELLE ORGANISA LE RAVITAILLEMENT DES SOLDATS ET N'OUBLIA PAS DE SOLLICITER LE DIRECTEUR DES ENTREPRISES MEUNIER, CHOCOLATIER RENOMMÉ. TOUS S'EXÉCUTÈRENT !

POUR 6 PERSONNES
PRÉPARATION 5 MINUTES,
2 JOURS À L'AVANCE,
30 MINUTES, LA VEILLE

200 g de chocolat noir
150 g de beurre salé
100 g de sucre
1 gousse de vanille
5 œufs
Sel

1. Deux jours avant de servir la mousse, fendez la gousse de vanille en deux, raclez l'intérieur et ajoutez les grains au sucre. Réservez dans une boîte hermétique jusqu'au lendemain.
2. Le lendemain, dans une casserole, faites fondre le chocolat, puis ajoutez le beurre et le sucre. Mélangez au fouet hors du feu.
3. Cassez les œufs, séparez les jaunes des blancs et ajoutez les jaunes au chocolat.
4. Battez les blancs en neige ferme avec une pincée de sel, puis incorporez-les délicatement à la préparation.
5. Transférez la mousse dans des ramequins individuels ou une jolie coupe de service. Laissez refroidir à température ambiante, puis réservez au réfrigérateur jusqu'au lendemain.

MARASQUINADE

AUTEUR DE PIÈCES DE THÉÂTRE RECONNU, ADMIRÉ PAR THÉOPHILE GAUTIER QUI LE COMPARE À BALZAC, ÉDOUARD CADOL (1831-1898) EUT MÊME L'INSIGNE HONNEUR DE COÉCRIRE L'ADAPTATION THÉÂTRALE DE *VINGT MILLE LIEUES SOUS LES MERS* ! GOURMET INVÉTÉRÉ, IL PLAÇA DANS TOUTES SES ŒUVRES DES SCÈNES GOURMANDES, SE MOQUANT DU SNOBISME GASTRONOMIQUE DE SES CONTEMPORAINS.

POUR 6 PERSONNES
PRÉPARATION 30 MINUTES, LA VEILLE

40 biscuits à la cuillère
300 g de cerises au sirop
200 g de confiture de cerises
250 g de crème fraîche
20 cl de liqueur de cerise (facultatif)

1. Égouttez les cerises en récupérant le sirop, versez celui-ci dans une assiette creuse. Ajoutez la liqueur.
2. Plongez les biscuits dans le sirop et tapissez-en le fond et les côtés d'un moule à bords hauts de type « moule à charlotte », face plate en dessous.
3. Dans une terrine, mélangez au fouet la confiture et la crème fraîche, puis étalez une couche de crème à la cerise sur la base de biscuits. Parsemez de cerises en les enfonçant dans la crème de manière régulière.
4. Recouvrez de biscuits trempés dans le sirop et recommencez jusqu'à épuisement des ingrédients. Terminez par une couche de biscuits, face plate sur le dessus.
5. Appuyez bien sur le gâteau pour le tasser et réservez au réfrigérateur jusqu'au lendemain.

« Relevé à la duchesse – Autrement dit ? – Une ratatouille de pieds de mouton. Les quelques heures qui le séparaient de celles du dîner, il les passa dans sa chambre, à rédiger une sorte de compte rendu des régates, compte rendu qu'il espérait faire passer dans un journal de sport nautique, sous le couvert du secrétaire de la rédaction. Aussi se permettait-il de se dire, à lui-même, quelques choses infiniment courtoises dans cette relation. [...]
– Tu ne restes pas avec nous ? lui demanda sa mère, en le voyant se lever de table, avant même qu'on eût enlevé le dessert.
– Non, maman, répondit-il avec une parfaite conviction de son importance. J'ai promis le compte rendu des régates à la *Gazette de la Villégiature :* on attend ma copie. »

Édouard Cadol,
Les Filles séduites,
1890

« Ma chère amie, pensez-vous être libres jeudi prochain 8 courant ? Nous aurons quelques amis à dîner, et vous seriez bien aimables d'être des nôtres. Mais comme nous serons un peu nombreux, Émile croit qu'il vaut mieux ne pas faire entendre "L'Attaque du Moulin". Surtout avant Carvalho. Nous remettrons donc l'audition à un prochain dîner.
Je vous rappelle qu'au dessert, nous aurons les fameux petits fours gagnés par l'ami Thyébaut. Nous comptons sur vous, n'est-ce pas ? Tendres caresses à Suzanne, et bien affectueusement à vous deux. »

Alexandrine Zola,
Lettre à Philippine Bruneau,
2 décembre 1892

PETITS FOURS D'ALEXANDRINE ZOLA

HÔTESSE HORS PAIR, ALEXANDRINE (1839-1925), L'ÉPOUSE D'ÉMILE ZOLA, REÇUT DANS LEUR MAISON DE MÉDAN LA FINE FLEUR DES ÉCRIVAINS DE LA FIN DU XIXE SIÈCLE, À QUI ELLE PRÉPARAIT DE SAVOUREUX MENUS, DONT UNE BOUILLABAISSE MÉMORABLE… LES SOIRÉES DE MÉDAN DEVINRENT SI COURUES QU'ELLES DONNÈRENT NAISSANCE À UN RECUEIL DU MÊME NOM, PUBLIÉ EN 1880, QUI RÉUNIT NOTAMMENT LES SIGNATURES DE GUY DE MAUPASSANT, J.-K. HUYSMANS ET BIEN SÛR ÉMILE ZOLA. DE LA FOURCHETTE À LA PLUME, EN QUELQUE SORTE.

POUR UNE TRENTAINE DE SABLÉS
PRÉPARATION 5 MINUTES LA VEILLE, 20 MINUTES LE JOUR MÊME
CUISSON 20 MINUTES

300 g de farine
100 g de sucre
150 g de beurre
2 œufs
100 g de raisins secs
1 gousse de vanille
Sel

1. La veille, fendez la gousse de vanille et glissez-la dans le sucre. Réservez dans une boîte hermétique jusqu'au lendemain.
2. Le jour même, faites fondre le beurre. Dans une terrine, versez la farine, ajoutez le beurre fondu, une pincée de sel et mélangez bien. Ajoutez 15 cl d'eau et 1 œuf.
Malaxez bien jusqu'à obtenir une pâte homogène.
3. Préchauffez votre four à 180 °C (th. 6). Étalez la pâte sur votre plan de travail, puis formez des ronds ou différentes figures à l'aide d'emporte-pièces. Disposez les raisins sur certains sablés en les enfonçant légèrement dans la pâte.
4. Dans un bol, cassez l'œuf restant et battez-le au fouet. Avec un pinceau alimentaire, badigeonnez-en les sablés pour qu'ils dorent bien à la cuisson. Enfournez pour 20 minutes.

« Verson ces roses pres ce vin,
De ce vin verson ces roses,
Et boyvon l'un à l'autre, afin
Qu'au cœur noz tristesses encloses
Prennent en boyvant quelque fin.
La belle Rose du Printemps
Aubert, admoneste les hommes
Passer joyeusement le temps,
Et pendant que jeunes nous sommes
Esbatre la fleur de noz ans.
Tout ainsi qu'elle défleurit
Fanie en une matinée,
Ainsi nostre âge se flestrit,
Làs ! et en moins d'une journée
Le printemps d'un homme perit.
Ne veis-tu pas hier Brinon
Parlant, et faisant bonne chere,
Qui làs ! aujourd'huy n'est sinon
Qu'un peu de poudre en une biere,
Qui de luy n'a rien que le nom ? »

Pierre de Ronsard,
Odes,
1552

COUPES DE FRAMBOISES À LA ROSE

HÔTES DE JEAN BRINON, SEIGNEUR DE VILLENNES ET MÉDAN, PIERRE DE RONSARD ET DE NOMBREUX POÈTES TROUVÈRENT L'INSPIRATION DANS LES ROSES DU COTEAU ET DANS LE MALVOISIE. LES FÊTES DU CHÂTEAU DE MÉDAN, ALORS RENOMMÉES POUR LEUR MUNIFICENCE, FINIRENT PAR RUINER LE SEIGNEUR PRODIGUE. MAIS SON NOM APPARAÎT DANS DE NOMBREUSES POÉSIES DU XVIE SIÈCLE, ET N'EST-CE PAS LE PLUS BEAU DES CADEAUX POUR UN AMI DES ARTS ?

POUR 6 PERSONNES
PRÉPARATION 10 MINUTES LA VEILLE, 30 MINUTES LE JOUR MÊME

500 g de fraises
500 g de framboises
75 cl de bon vin rouge
100 g de sucre
50 g de confit de pétales de roses (en épicerie fine)
1 gousse de vanille
1 orange non traitée
Quelques feuilles de menthe

1. La veille, fendez en deux la gousse de vanille et égrenez-la dans le sucre. Prélevez le zeste de l'orange et ajoutez-le au sucre. Réservez dans un récipient hermétique jusqu'au lendemain.
2. Le jour même, délayez le confit de pétales de roses avec le vin, ajoutez le sucre. Battez au fouet à main jusqu'à ce que le sucre soit dissous.
3. Lavez rapidement les fraises et les framboises, coupez les fraises en deux ou en quatre selon leur grosseur, dans le sens de la hauteur.
4. Disposez fraises et framboises mêlées dans les coupes et arrosez du vin à la rose. Réservez au réfrigérateur jusqu'au moment de servir, parsemé de feuilles de menthe.

Les plus gourmands pourront ajouter une boule de sorbet à la framboise dans la coupe...

BIBLIOGRAPHIE

Béarn, Pierre, *Paris gourmand,* Gallimard, 1929.
Bihl-Willette, Luc, *Des tavernes aux bistrots, Une histoire des cafés,* L'Âge d'Homme, 1997.
Cendrars, Blaise ; Miller, Henri, *Correspondance Cendrars-Miller,* Denoël, 1995.
Cocteau, Jean, *Les Enfants terribles,* in *Œuvres,* LGF, 1995.
Colette, *Œuvres complètes,* Flammarion, 1960.
Daudet, Léon, *Souvenirs littéraires,* Grasset, 1968.
Gide, André, *Les Faux-monnayeurs,* Gallimard, 1925.
Guitry, Sacha, préface à *Éloge de la cuisine française,* Édouard Nignon, Inter-livres, 1995.
Hemingway, Ernest, *Paris est une fête,* traduit de l'anglais (États-Unis) par Marc Saporta, Gallimard, 1964.
Héron de Villefosse, René, *Histoire et géographie gourmandes de Paris,* Les Éditions de Paris, 1956.
Le Beau, Huguette, *Jean Cocteau parmi nous,* Puits fleuri, 2001
Leblanc, Maurice, *Œuvres complètes,* Librairie des Champs-Élysées, 1998.
Mac Orlan, Pierre, *Quai des brumes,* Le livre de Poche, 1966.
Maeterlinck, Maurice, *Bulles bleues, souvenirs heureux,* Éditions du Rocher, 1948.
Margueritte, Victor, *La Garçonne,* Flammarion, 1922.
Queneau, Raymond, *Le Vol d'Icare,* Gallimard, 1994.
Simenon, Georges, *Les Clients d'Avrenos,* Gallimard, 2006.
Somerset Maugham, William, *Le Fil du rasoir,* traduit de l'anglais par Renée L. Oungre, Livre de Poche, 1966.
Vian, Boris, *L'Écume des jours,* 10/18, 1993.

Les ouvrages cités

Abbé Mugnier, *Journal*
About, Edmond, *L'homme à l'oreille cassée*
Allais, Alphonse, *Deux et deux font cinq*
Balzac, Honoré de, *Les Illusions perdues et Traité des excitants modernes*
Banville, Théodore de, *Les Parisiennes*
Barbier, Auguste, *Les Satires*
Bashkirtseff, Marie, *Lettres*
Béarn, Pierre, *Paris gourmand*
Bernhardt, Sarah, *Ma double vie*
Bihl-Willette, Luc, *Des tavernes aux bistrots, Une histoire des cafés*
Cadol, Édouard, *Les Filles séduites*
Cendrars, Blaise ; Miller, Henri, *Correspondance Cendrars-Miller*
Champsaur, Félicien, *Dinah Samuel*
Chateaubriand, François-René de, *Mémoires d'outre-tombe*
Chavette, Eugène, *Les Petites Comédies du vice*
Cocteau, Jean, *Les Enfants terribles*
Colette, *Œuvres complètes*
Comtesse de Ségur, *Les Deux Nigauds*
Coppée, François, *Contes rapides, « À table »*
Courteline, Georges, *Boubouroche*
Daudet, Alphonse, *Contes pour la jeunesse, Les Petits Pâtés* et *Lettres de mon moulin*
Daudet, Léon, *Souvenirs littéraires*
Dumas, Alexandre, *Le Comte de Monte-Cristo*
Feydeau, Georges, *La Duchesse des Folies-Bergères*
Flaubert, Gustave, *Bouvard et Pécuchet* et *L'Éducation sentimentale*
Gaboriau, Émile, *L'Affaire Lerouge*
Gallet, Pierre, *Voyage d'un habitant de la Lune à Paris à la fin du XVIIIe siècle*
Gautier, Théophile, *Contes humoristiques*
Gide, André, *Les Faux-monnayeurs*
Guitry, Sacha, préface à *Éloge de la cuisine française*
Hemingway, Ernest, *Paris est une fête*
Héron de Villefosse, René, *Histoire et géographie gourmandes de Paris*
Hugo, Victor, *Notre-Dame de Paris*
Huysmans, Joris-Karl, *En ménage*
James, Henry, *Les Ambassadeurs*
Kotzebue, August von, *Mes souvenirs de Paris en 1804*
Labiche, Eugène, *Le Voyage de M. Perrichon*
Leblanc, Maurice, *Œuvres complètes*
Leroux, Gaston, *Le Mystère de la chambre jaune*
Mac Orlan, Pierre, *Quai des brumes*
Madame de Sévigné, *Lettres*
Maeterlinck, Maurice, *Bulles bleues, souvenirs heureux*
Mallarmé, Stéphane, *Œuvres complètes*
Margueritte, Victor, *La Garçonne*
Maupassant, Guy de, *Contes et nouvelles*
Mercier, Sébastien, *Le Nouveau Paris*
Musset, Alfred de, *Confession d'un enfant du siècle*
Nerval, Gérard de, *Les Halles, Nuits d'octobre*
Proust, Marcel, *Du côté de chez Swann*
Queneau, Raymond, *Le Vol d'Icare*
Radiguet, Raymond, *Le Diable au corps*
Renard, Jules, *Journal*
Restif de la Bretonne, Nicolas Edme, *Les Nuits de Paris*
Ronsard, Pierre de, *Odes*
Rousseau, Jean-Jacques, *Rêveries d'un promeneur solitaire*
Sand, Georges, *Correspondance*
Simenon, Georges, *Les Clients d'Avrenos*
Somerset Maugham, William, *Le Fil du rasoir*
Stendhal, *Féder ou le Mari d'argent*
Verne, Jules, *Paris au XXe siècle*
Vian, Boris, *L'Écume des jours*
Zola, Émile, *Le Ventre de Paris* et *Pot-bouille*

TABLE DES RECETTES

CARNET D'ADRESSES

Les restaurants

Le Train bleu
Place Louis Armand
1er étage de la gare de Lyon
en face des voies à lettre
75012 Paris
Tél. : 01 43 43 09 06
www.le-train-bleu.com

Lipp
151 Boulevard Saint Germain
75006 Paris
Tél. : 01 45 48 53 91
www.groupe-bertrand.com

Le grand Véfour
17 rue du Beaujolais
75001 Paris
Tél. : 01 42 96 56 27
www.grand-vefour.com

Lapérouse
51 quai des Grands Augustins
75006 Paris
Tél.: 01 56 79 24 31
www.laperouse.fr

Le Bouillon Racine
3 rue Racine
75006 Paris
Tél. : 01 44 32 15 60
www.bouillon-racine.com

À la mère de famille
33 et 35 rue du Faubourg Montmartre
75009 Paris
Tél. : 01 47 70 83 69
www.lameredefamille.com

Les maisons d'écrivains

Maison Zola - Musée Dreyfus
26 rue Pasteur
78670 Médan
Tél. : 01 39 75 35 65
maisonzola-museedreyfus@cegetel.net
www.maisonzola-museedreyfus.com

Château de Médan
43 rue Pierre Curie
78670 Médan
Tél. : 01 39 75 86 59
chateaudemedan@gmail.com
www.chateau-de-medan.fr

Maison Jean Cocteau
15 rue du Lau
91490 Milly-la-Forêt
Tél. : 01 64 98 11 50
maison@jeancocteau.net
www.jeancocteau.net/

Et aussi, à Paris et en région parisienne, les maisons de Victor Hugo, Honoré de Balzac, Pierre Mac Orlan, Stéphane Mallarmé, Elsa Triolet et Louis Aragon, René-François de Chateaubriand, Jean-Jacques Rousseau, Ivan Tourgueniev et Alexandre Dumas...

REMERCIEMENTS

Remerciements de l'auteur, Anne Martinetti :

Merci à Eugénie, Paul et Françoise pour leurs précieux documents, à Guillaume, Jean, Augustin et Gaspard pour leur soutien matériel ou immatériel...

Merci à Martine Leblond-Zola de nous avoir ouvert les portes de la maison d'Émile Zola à Médan, et de nous avoir permis d'utiliser la vaisselle familiale. Ma reconnaissance éternelle pour m'avoir mis entre les mains un chapeau de l'écrivain...

Merci à Marion et Jean-Pierre Aubin de Malicorne pour nous avoir laissés envahir leur cuisine, leur salon, et le château habité par Henri IV, François Villon et Maurice Maeterlinck !

Merci à Stéphane Chomant et à Denis Paszières, de la Maison Jean Cocteau, à Milly-la-Forêt, pour l'envoi de Jean Cocteau parmi nous, d'Huguette Le Beau.

Merci à Stéphane Lévêque, de la maison Potel et Chabot, pour ses informations sur les grands dîners parisiens.

Remerciements du photographe, Philippe Asset :

Philippe Asset remercie Alice Asset Guerrand pour ses fonds et décors peints, ainsi que François Bachelier / Bachelier Antiquités pour le prêt d'ustensiles de cuisine anciens. Marché Paul Bert, 17 allée 1, 93400 St-Ouen.

Aussi, il remercie les personnes qui l'ont autorisé à faire des photographies dans les endroits suivants :
Le Train bleu, Lipp, Le grand Véfour, Lapérouse, Le Bouillon Racine, L'Angélus, La Bohème, La Boucherie de L'Angélus, Les Noces de Jeanette, L'Arbre à cannelle, Le Valentin, Clémentine, À la mère de famille, La Ferme de Péponne, La Plume d'or, Leautey, Bar des variétés.

CRÉDITS IMAGES

Toutes les photographies (des recettes, des photos d'ambiance et de fonds) ont été prises par Philippe Asset.

Les gravures font partie de la collection privée de l'auteur, excepté celles des pages 17, 29, 61, 63, 73, 79, 83, 99, 107, 118, 123, 129, 161, 175, 177, 191, 199, 203 qui appartiennent à l'éditeur ou proviennent de la Photothèque de Hachette Livre.

Pour l'illustration de la Tour Eiffel en couverture a été utilisé un chromo publicitaire datant de 1890 : © Collection IM/KHARBINE-TAPABOR.

Édition : Valérie Tognali
Suivi d'édition : Françoise Mathay
Direction artistique : Sabine Houplain
Création graphique : Lauriane Tiberghien
Iconographie : Anne Martinetti
Lecture-corrections : Isabelle Macé et Joyce Motee Briand
Fabrication : Sandrine Alphonsair et Marion Lance
Partenariat et ventes directes : Claire Le Cocguen
clecocguen@hachette-livre.fr

www.editionsduchene.fr

Photogravure : Quat'coul
Achevé d'imprimer en Espagne
Dépôt légal : avril 2011
ISBN : 978-2-81230-408-8
34/2570/9-01